I0149763

COLECCIÓN POPULAR

579

CÓMO PREPARAR UN EXAMEN

Traducción de
<small>SANDRA GARZONIO</small>

Brigitte Chevalier

Profesora de conferencias de la
Universidad de París VIII

Cómo preparar un examen

FONDO DE CULTURA ECONÓMICA

MÉXICO - ARGENTINA · BRASIL - CHILE - COLOMBIA
ESPAÑA - ESTADOS UNIDOS - PERÚ - VENEZUELA

Primera edición en francés, 1992
Primera edición en español, 2000
Primera reimpresión,   2001

Título original:
Préparer un examen
© Éditions Nathan, París, 1992
ISBN de la edición original: 209-190561-5

D. R. © 1999, Fondo de Cultura Económica
            de Argentina, S. A.
            El Salvador 5665, 1414 Buenos Aires
            E-mail: fondo@fce.com.ar
            Av. Picacho Ajusco 227, 14200 México D. F.

ISBN: 950-557-353-7

Fotocopiar libros está penado por la ley. Prohibida su reproducción
total o parcial por cualquier medio de impresión o digital en forma
idéntica, extractada o modificada, en castellano o en cualquier otro
idioma, sin autorización expresa de la editorial.

Hecho el depósito que marca la ley 11.723
Impreso en la Argentina - *Printed in Argentina*

A mis hijos
A "mis" alumnos

Introducción

¿Por qué este libro?

El objetivo de este libro es permitir, a todos aquellos que estudian, *la adquisición de los métodos* de trabajo necesarios *para preparar exámenes y darlos con éxito*: saber sacar provecho de una clase, memorizar, analizar un tema, movilizar conocimientos, efectuar los trabajos pedidos... Numerosas investigaciones, realizadas en distintos países, han demostrado ya que la eficacia y variedad de las estrategias utilizadas por el estudiante constituyen uno de los principales factores de éxito en la universidad.

¿Qué método adoptar?

No existe una receta única para razonar que convenga a todo el mundo. La adquisición de los diferentes métodos se vincula directamente con el *conocimiento de sí.* Por eso, tanto este libro como el que dedicamos a leer y tomar notas[1] propone el método siguiente: antes de dar infor-

---

[1] Brigitte Chevalier, *Cómo leer tomando notas*, Buenos Aires, Fondo de Cultura Económica, 1999.

9

maciones sobre la memoria, sobre la manera de escuchar, sobre la construcción de un texto..., antes de presentar la ejercitación para aplicar los métodos enseñados, conduce a descubrir, en el primer capítulo, el propio *funcionamiento cerebral*. Así, cada cual dispondrá de sus propios recursos *para explotar plenamente su propio potencial intelectual,* condición indispensable para llevar a buen término sus estudios y, en adelante, su vida profesional.

Fiel a su deseo de personalización, este libro presenta una *doble entrada*: una con palabras y otra con imágenes. Gracias al test de la p. 11, cada lector puede determinar cuál es el estilo de aprendizaje que lo caracteriza; así, cada capítulo es abordado según el modo más conveniente para cada uno: lectura del texto, lectura de los esquemas (situados al final de cada capítulo). Luego podrá usted emprender el camino inverso. Este procedimiento permite tanto la consolidación de la información como el descubrimiento de nuevas estrategias, movilizando la totalidad de las posibilidades del cerebro.

¿Qué puede encontrarse en este libro?

– Un *test,* para saber dónde está situado cada uno respecto del método;
– *partes informativas,* destinadas a enseñar los procedimientos necesarios para desarrollar sus facultades;
– *itinerarios metodológicos;*
– *series de ejercitación* con sus *soluciones.*

1. Conocerse mejor para estudiar mejor

Estamos en el corazón del aprendizaje. Por eso, este capítulo, que es el telón de fondo de toda la obra, comienza con un test para encontrar el modo de organización mental preferencial para cada uno. A partir del conocimiento del funcionamiento cerebral, este capítulo los guiará en la utilización de métodos que movilicen la totalidad de sus facultades. Contribuirá, en síntesis, al éxito de sus estudios.

TEST: ¿CUÁL ES SU PERFIL CEREBRAL DOMINANTE?

Marque o anote la respuesta (A o B).

1. Cuando necesita que alguien le explique cómo llegar a un lugar, usted prefiere:
   a. que la persona dibuje un plano;
   b. que la persona explique verbalmente el camino hay que doblar a la derecha", etc.).

2. Cuando ha conocido a alguien recientemente, usted recuerda con más facilidad:
   a. su rostro;
   b. su nombre.

3. Piense en un hecho que lo haya marcado... ¿Qué es lo primero que aparece en su mente?
   a. el lugar, las personas;
   b. vuelve a escuchar las palabras pronunciadas, evoca el ambiente sonoro.

4. Cuando tiene que preparar un trabajo para la universidad, ¿cómo procede para encontrar ideas?
   a. deja que las ideas aparezcan todas juntas, en desorden;
   b. explora sistemáticamente todas las pistas posibles.

5. Para calcular mentalmente 54 + 17, tiende a:
   a. ver los números en la cabeza, como si escribiera la operación;
   b. decir (en voz alta o baja), 4 + 7 = 11, me llevo uno, etcétera.

6. ¿Qué prefiere?
   a. las disciplinas literarias;
   b. las disciplinas científicas.

7. ¿Qué prefiere?
   a. la geografía;
   b. la historia.

8. En matemáticas, se siente más cómodo:
   a. en geometría;
   b. en álgebra.

9. Cuando aprende la ortografía de una palabra (en castellano o en otro idioma):
   a. le toma una foto mentalmente;
   b. la deletrea o pronuncia (en voz alta o baja).

10. Para salir de viaje, usted tiende a:
    a. partir un poco a la aventura;
    b. preparar minuciosamente el itinerario.

11. En el cine, prefiere sentarse:
    a. un poco hacia la derecha de la pantalla;
    b. un poco hacia la izquierda de la pantalla.

Interpretación del test

Cuenten las respuestas A y las respuestas B. Si hay mayor número de respuestas A, el cerebro predominante es el derecho (véase p. 161); si son más las B, es el izquierdo. Esta tendencia está más o menos marcada según el número que haya de A o de B. A lo largo de todo este libro, encontrarán consejos para adaptar los métodos a la personalidad de cada uno. Aprenderán a aprovechar mejor el modo cerebral que predomina en ustedes y, al mismo tiempo, desarrollarán el más discreto.

Los "cerebros derechos" podrán consultar, desde el principio, los esquemas que figuran al final de los módulos; así visualizarán el contenido. Veremos hasta qué punto es importante para ellos.

1. ¿El cerebro sigue siendo considerado como una "caja negra"?

Desde 1970, las investigaciones sobre el cerebro avanzaron de manera espectacular: en veinte años hemos aprendido más que en veinte siglos.

Estos progresos pudieron realizarse gracias a la invención de nuevas técnicas de exploración que permiten ver las zonas del cerebro que se movilizan frente a tal o cual situación: la "caja negra" ha sido iluminada. El aporte de las neurociencias es fundamental en el campo del trabajo intelectual. Veremos sus múltiples aplicaciones.

2. ¿Qué debemos entender por cerebro reptil, por cerebro límbico y por corteza?

Durante la evolución de la especie humana, aparecieron sucesivamente tres tipos de cerebro.

El *cerebro reptil* es el más antiguo. Es el cerebro de los vertebrados inferiores (peces, lagartos...). Su función principal consiste en garantizar la *supervivencia* del individuo y de la especie. Dirige las necesidades básicas (hambre, sueño...) y los reflejos de defensa. Actúa de un modo único –estímulo y respuesta–, y no tiene capacidad de adaptación.

El *cerebro límbico*, también llamado sistema límbico, rodea al cerebro reptil. Se asemeja al cerebro de los mamíferos. Su ámbito es el de la *afectividad*. Se deja invadir fácilmente por las emociones, volviéndose impenetrable a toda lógica. Su papel esencial consiste en filtrar las informaciones en función de los sentimientos experimentados. Cada vez que le llega una información nueva, la compara con el stock de las informaciones ya registradas. Si la comparación le trae recuerdos desagradables, se pone en posición de defensa y corre el riesgo de no transmitir la información a la corteza (véase más adelante).

Este cerebro es útil porque preserva nuestro equilibrio físico y psíquico. Pero a veces, por miedo a lo desconocido, nos impide avanzar e innovar.

La *corteza* o cerebro superior es el último en el orden de aparición; es el que nos distingue de los demás mamíferos. Tanto por su volumen como por sus funciones, es el cerebro más importante. Gracias a él podemos *hablar, razonar, inventar, tomar decisiones* (y no actuar de manera estereotipada).

3. ¿Es verdad que el cerebro izquierdo y el cerebro derecho tienen funciones diferentes?

Igual que una nuez, el cerebro está dividido en dos partes; cada una de ellas parece tener su especificidad, como lo han demostrado numerosas investigaciones.

Algunos estudios son más prudentes a la hora de pronunciarse sobre localizaciones cerebrales precisas, pero esto no cambia nuestro propósito: en cada persona existen características que corresponden a aquellas que se le atribuyen al cerebro izquierdo y otras características que corresponden al cerebro derecho. Para nosotros, el asunto consiste en sacar partido de nuestros diferentes recursos.

El cuadro siguiente muestra el modo de funcionamiento del cerebro izquierdo y del derecho.

Cerebro izquierdo (o hemisferio izquierdo)		Cerebro derecho (o hemisferio derecho)	
1 tronco + corteza + ramas + hojas			
= un árbol (palabra)		= un árbol (imagen)	
auditivo	lineal	visual	global
analítico	temporal	sintético	espacial
racional	secuencial	intuitivo	simultáneo
lógico	ve las diferencias	analógico	ve las semejanzas

Se comprende por qué el cerebro izquierdo está a gusto en las disciplinas científicas, mientras que el cerebro derecho prefiere las disciplinas literarias o artísticas.

Pero especialización no significa separación. El cuerpo calloso que une ambos hemisferios permite que se comuniquen entre sí. En toda acción lograda, colaboran ambos hemisferios. Tanto uno como el otro son necesarios para pensar con eficacia.

En general, cada individuo tiene un hemisferio que predomina sobre el otro. Esta preferencia es fruto tanto de la naturaleza (lo innato, la herencia) como de lo adquirido (enseñanza recibida, entorno). Pero todos poseemos *dos maneras diferentes y complementarias de procesar la información*:

– un procesamiento lineal, analítico, que organiza las palabras;

– un procesamiento global, espacial, que organiza las imágenes y las estructuras.

Sin embargo, para que ambos hemisferios cumplan plenamente su función, es necesario incitarlos. En el aprendizaje de una operación intelectual, la información sigue cierto trayecto a través de las neuronas, las células del cerebro. Este trayecto se fija por prácticas repetidas. Las vías más repetidas se consolidan, las demás tienden a desaparecer. Cuando uno de los dos hemisferios es más incitado que el otro, el hemisferio sin movilizar queda en letargo y corremos el riesgo de perder poco a poco una parte de nuestras facultades.

4. ¿Cuáles son las consecuencias prácticas de los nuevos descubrimientos sobre las posibilidades del cerebro?

Volveremos sobre este punto a medida que abordemos las capacidades estudiadas en los diferentes capítulos. Por el momento, señalaremos las consecuencias generales en la manera de conducir los estudios.

Creer en las propias capacidades

La fuerza de la actitud mental influye muchísimo en el aprendizaje. Ahora se encuentran ustedes en mejores condiciones para comprender lo que sucede. Hemos visto que el sistema límbico sólo transmitía a la corteza lo que le convenía: si se encuentra ante una situación que le evoca recuerdos agradables, transmite con placer la información a la corteza, y todas las funciones intelectuales se unen para actuar de la manera más adecuada. En caso contrario, el programa de actividad se retrasa e incluso se inhibe.

Dado que el éxito trae éxito, propónganse obtener logros, aunque sean modestos. Para esto, fíjense objetivos cercanos y accesibles. Muy a menudo dudamos de nuestras posibilidades, porque al comienzo fuimos demasiado ambiciosos. Por ejemplo, si poseen una capacidad de memorización promedio de veinte minutos (véase p. 29), luego de algunas clases de práctica, propónganse llegar a los veinticinco minutos y no a los cuarenta.

Cultivar la motivación

En todo aprendizaje, el éxito depende en gran parte de la motivación. Esta sólo puede nacer de un sentimiento de placer o, por lo menos, de una expectativa hacia lo que se está estudiando. Pero ¿qué hacer si no nos gusta una materia? Intenten encontrar la importancia que tiene dentro de la carrera. Por eso es primordial tener un *proyecto*; evocarlo los ayudará.

En caso de dudas al terminar los estudios secundarios, pidan ayuda a un consejero en orientación, a un profesor; "devoren" los fascículos informativos sobre las carreras. El abanico de posibilidades es más amplio de lo que ustedes creen. No se dejen desalentar por los pesimistas.

Además, sepan que lograr un objetivo, incluso de alcance limitado, es un poderoso factor de motivación.

Utilizar todo el cerebro

Gracias al test del principio del capítulo, cada uno ha descubierto los modos de pensamiento predominante: izquierdo o derecho.

Si domina en ustedes el *modo izquierdo*, necesitan *palabras* para captar la información. Por eso, ante un gráfico, será preciso que lo describan, que lo comenten.

Si domina el *modo derecho*, necesitan *imágenes* para captar la información. Las ilustraciones (croquis, mapas, esquemas) son aliados valiosos. Podrán también recurrir a metáforas, a imágenes mentales, hacer asociaciones: "esto se parece a…, esto me hace pensar en…". Por ejemplo, "el cerebro límbico es un perro guardián que controla antes de dejar entrar".

Ahora pueden comprender por qué este libro se ha escrito utilizando un doble lenguaje: el lenguaje de las palabras, para los cerebros izquierdos, los auditivos; el lenguaje de las imágenes, para los cerebros derechos, los visuales.

Para abordar una noción compleja, es importante utilizar el hemisferio dominante, pero ejercitar sistemáticamente el hemisferio menos desarrollado también lo es. *Utilizar el cerebro en su totalidad* presenta numerosas ventajas: comprenderán y recordarán con más facilidad, podrán enfrentar todo tipo de situaciones, aprovecharán la totalidad de su potencial cerebral y desarrollarán sus capacidades.

Ejercitación

Objetivo: asimilar las nociones de este capítulo.

Ejercicio 1
¿Verdadero o falso? Marque la respuesta:

1. La corteza es el cerebro de evolución más reciente. V F

2. El cerebro límbico puede bloquear la reflexión. V F

3. Escribir el nombre propio en un árbol es una manifestación de la corteza. V F

4. El cerebro límbico puede ser un freno para la adquisición de nuevos métodos. V F

5. El miedo ante un examen puede ser superado gracias a la corteza. V F

6. Cuando enrojecemos de placer interviene la corteza. V F

7. Los reflejos son dirigidos por el cerebro reptil. V F

8. Gracias a la corteza podemos hablar. V F

Ejercicio 2
Marque el casillero que corresponda a la respuesta.[2]

	CI	CD
1. Ordenado		
2. Intuitivo		
3. Distingue los rasgos característicos		
4. Recibe la información "neutra"		
5. Estético		
6. Minucioso		
7. Recibe las emociones		
8. Auditivo		
9. Procede por etapas		
10. Visual		
11. Metódico		
12. Deductivo		

Ejercicio 3
1. Pida que le lean veinte palabras aisladas. Anote las que recuerda.
2. Lea en voz baja otras veinte palabras. Anote las que recuerda.
3. Compare el número de palabras recordadas: si es superior en el primer caso, seguramente es usted "auditivo" (cerebro izquierdo); si el número es superior en el segundo caso, es usted "visual" (cerebro derecho). ¿Concuerda este resultado con el del test?

---

[2] CI: cerebro izquierdo. CD: cerebro derecho.

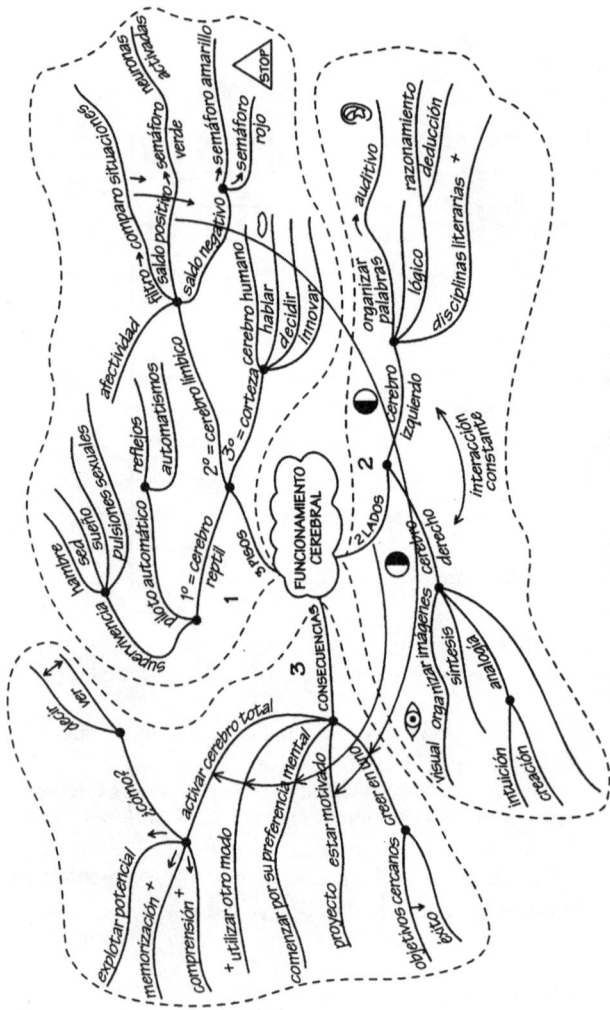

ESQUEMA: *El funcionamiento cerebral*

2. Memorizar

Memorizar, es decir, asimilar conceptos nuevos, es la actividad central de todo estudiante. Gracias a las investigaciones de la psicología del aprendizaje, podemos conocer los procesos que subyacen en la memorización.

Por lo general, los especialistas distinguen dos niveles de memoria.[1] El primero, llamado *memoria inmediata* o memoria de trabajo, conserva nuestros recuerdos durante algunos segundos. Es la que interviene cuando, luego de haber consultado el índice de una revista, vamos a la página en donde está el artículo que buscamos. Esta memoria es limitada tanto en su duración como en su capacidad: retiene hasta siete elementos (palabras aisladas, cifras).

En el segundo nivel se sitúa la *memoria a medio o largo plazo*. Ésta no sólo posee una capacidad casi ilimitada, sino que también funciona durante un tiempo mucho más largo, que puede variar entre algunas horas y toda una vida. ¿Cómo puede ser que recordemos algunos datos durante un breve período y otros durante to-

---

[1] Hay autores que sostienen que, entre esos dos niveles de memoria, existe un nivel intermedio cuya duración sería de veinte minutos aproximadamente.

da nuestra existencia? En este capítulo responderemos a esta pregunta. Se trata de *encontrar los factores que favorecen una memorización eficaz,* es decir, durable. Contrariamente a lo que se cree, la memoria se adquiere y cultiva; no es un don reservado a un puñado de elegidos.

EXPERIENCIAS

El objetivo de estas dos experiencias no es evaluar la capacidad para recordar sino la toma de conciencia de las leyes que rigen la memoria. Es importante anotar cuidadosamente y *conservar* las respuestas; durante este capítulo se necesitarán para hacer algunos ejercicios.

Experiencia Nº 1

1. Lea las palabras de la serie 1. Tápela y anote las palabras recordadas en el orden que desee.
2. Proceda de la misma manera con la serie 2.
3. Compare el número de palabras recordadas en cada serie.

Serie 1: mesa - bronce - florero - cuero - esperanza - sábana - verano - clase - ventana - uva - granero - autobús - cólera - peñasco - cruce - paz - pintura - sujeto - auditor - aptitud.

Serie 2: guitarra - piano - catálogo - violín - revista - periódico - publicación - tambor - diario - guía - arpa - enciclopedia - armónica - diccionario - flauta - guitarra - revista - libro - violoncelo - prospecto.

Experiencia Nº 2

1. Lea la lista 1. Tápela y anote las palabras que recuerde.
2. Proceda de la misma manera con la lista 2.
3. Compare la cantidad de palabras recordadas en cada lista.
4. Observe el sitio de las palabras memorizadas en la lista 1 y sus particularidades.

Lista 1		Lista 2	
a veces	estimar	dormir	correr
lógica	conjunto	cama	autobús
flexible	proponer	despertarse	trabajar
hipoalergénico	casualidad	levantarse	escribir
base	razón	ducharse	telefonear
presencia	esquema	vestirse	reunión
conjunto	programa	almorzar	decisión
punto		irse	

1. Cómo prepararse para aprender:
el tiempo (T1)

Sólo resulta verdaderamente aprovechable el estudio activo; es decir, aquel que es participativo y que nos implica en la tarea. Para trabajar de esta manera, precisamos, antes de todo aprendizaje, un tiempo de puesta en órbita. Durante este tiempo (T1), debemos efectuar tres pasos.

1.1. Dar un objetivo al aprendizaje plasmándolo en un proyecto

Sólo recordamos bien aquello que puede sernos útil. El hecho de saber que el esfuerzo de memorización nos servirá, ayuda mucho. Antoine de la Garanderie estima que no podemos aprender si no existe proyecto implícito.[2] Según este autor, el lugar en donde se conservan nuestros recuerdos es en la imaginación del futuro. Quien afirma no tener memoria es, a menudo, alguien que no tiene intenciones de utilizar sus conocimientos.

Las entrevistas realizadas a diferentes tipos de personas apoyan esta tesis. Así, tanto concertistas como actores reconocen que cuando están aprendiendo ya se imaginan en un escenario ante un público. También los mejores alumnos necesitan proyectarse hacia un futuro con la imaginación; aseguran que, si son interrogados de buenas a primeras, necesitan ponerse en situación de examen para responder.

Además, es cierto que recordamos mejor aquello que nos incumbe (la fecha de nacimiento de alguien cercano más que la de un estadista, aunque sea célebre...) o lo que nos interesa (tal tema, tal estilo...). Sin nuestra intervención, la memoria descarta lo que no le gusta.

---

[2] A. de la Garanderie, *Pédagogie des moyens d'apprendre: les enseignants face aux profils pédagogiques*, Le Centurion, 1982.

Entonces, antes de ponerse a estudiar, evoquen su proyecto, y, si fuera necesario, vuelvan a definirlo.

– Sitúen el tema que deben estudiar relacionándolo con todo el programa y con los temas anteriores.

– Tengan siempre presente la siguiente pregunta: ¿Para qué debo recordar esta información? Esta precaución se revela particularmente útil para las disciplinas que nos parecen áridas y que tenemos tendencia a evitar.

Así, la adquisición de conocimientos toma un sentido, mientras que aprender sin otro objetivo que aprender estanca la memoria. Tener un proyecto nos estimula, nos prepara para un estado de receptividad máxima y para una participación activa. La atención es un proceso de anticipación.

Durante la secuencia de memorización, imaginen las condiciones en las cuales darán el examen: el lugar, las personas, el tema o los temas que tendrán que tratar. Si conocen al profesor que corregirá el escrito –o que los interrogará, si se trata de un examen oral–, tengan presentes los puntos en los cuales insistió en clase. Si no lo conocen, prevean las preguntas, las expectativas del examinador. Sean como los artistas que mencionamos antes: *aprendan proyectándose en el futuro*. Vivir mentalmente la situación los hará sentirse directamente implicados. Se suele decir que para tener éxito hay que estar motivado. Ahora bien, en la motivación, la representación que uno tiene de sí mismo desempeña un papel positivo. Además, el día del examen no se sentirán desorientados.

1.2. Delimitar la cantidad y la duración del trabajo

Recuerden que el sistema límbico teme al estrés y a lo desconocido porque los considera peligrosos. Encontrarse frente una cantidad impresionante de hojas para estudiar es una situación que le provoca temor. Para evitar este escollo, desde el principio tomen la precaución de determinar qué van a estudiar y cuánto tiempo le van a dedicar. Esta manera de proceder tiene también tres ventajas adicionales.

En primer lugar, como demostraron investigaciones recientes en materia de organización del trabajo, *facilita la tarea*, sea ésta material o intelectual. ¿Por qué? Por la sencilla razón de que nos da puntos de referencia que van marcando nuestros esfuerzos.

En segundo lugar, si seleccionan un número de páginas razonable en relación con un tiempo determinado, tendrán *la satisfacción de haber logrado su objetivo* cuando hayan concluido, y no la abrumadora impresión de tener todavía mucho por delante. Marcar los párrafos a medida que se avanza permite visualizar el camino recorrido.

En tercer lugar, la experiencia muestra que cuando disponemos de mucho tiempo para efectuar un trabajo, tendemos a dejarlo para más tarde. Las estadísticas del Centro Nacional de Enseñanza a Distancia (CNED)* señalan que el porcentaje de exámenes aprobados es más alto en aquellos estudiantes que ejercen una actividad

---

* *Centre national d'enseignement à distance*, institución educativa francesa. (N. de T.)

profesional que en aquellos que lo son tiempo completo. Estos resultados prueban que *el tiempo limitado se utiliza al máximo*: evita la dispersión y *favorece la concentración*. En realidad, el cerebro actúa en el plazo que le fijamos, siempre que este plazo sea razonable y realista.

¿Cómo proceder?
Si desean saber cuánto tiempo precisan para estudiar algo determinado, evalúen su capacidad de asimilación de la manera siguiente: luego de haber consultado el organigrama de la tarea, pongan un reloj delante de ustedes, anoten la hora y comiencen a estudiar. Cada 5 minutos, anoten en el margen el tiempo utilizado: 5 minutos, 10, 15, 20, hasta 40 o 45 minutos como máximo.

Al día siguiente, intenten recordar las informaciones. Si memorizaron eficazmente hasta 15 minutos, su capacidad de asimilación es de 15 minutos para la materia que están estudiando y para el nivel en el que se encuentran. Esta capacidad varía según las disciplinas y siempre puede perfeccionarse. Si se proponen mejorar el resultado, tendrán una motivación adicional.

1.3. Verificar los conocimientos

Antes de comenzar el estudio propiamente dicho, el tercer paso consiste en observar rápidamente la situación. Tomar el hábito de movilizar sus conocimientos antes de todo aprendizaje es útil porque permite:

– *despertar la curiosidad*, agudizar la atención gracias a una actitud mental activa;

– *tranquilizar* el sistema límbico mostrándole que las nociones que deben adquirir no están tan alejadas de lo que ya saben y que ya están un poco familiarizados con el tema;

– prepararse para una *integración real* de conocimientos nuevos. La memoria, como veremos más adelante, funciona mejor cuando puede establecer relaciones entre lo que ya tiene grabado y lo que descubre: funciona en resonancia con los recuerdos anteriores.

> **¿Cómo proceder?**
> Anoten rápidamente o recapitulen mentalmente lo que recuerdan sobre el tema. Es muy raro que no sepan nada. Piensen en lo que han leído, visto, escuchado: observarán que han memorizado muchas más informaciones de las que sospechaban...

2. Cómo captar la información: la lectura profunda

La memoria sólo conserva lo que comprende. No hay memorización eficaz sin comprensión. Por eso la lectura profunda es la base de todo estudio. Para llevarla a cabo, inspírense en el itinerario siguiente:[3]

---

[3] Si desean más información sobre este tema, pueden consultar mi libro *Cómo leer tomando notas*, Buenos Aires, Fondo de Cultura Económica, 1999. Encontrarán también muchos ejercicios con sus soluciones.

Sobrevolar

Exploren los títulos, los subtítulos, la numeración, la disposición material del texto (capítulo, apunte, artículo de enciclopedia...).

Fíjense en las palabras destacadas por la tipografía.

Preguntar

Enuncien sus expectativas. Hagan una lista de las preguntas a las cuales podría responder el texto.

Leer

Lean con la intención de descubrir el contenido. En un primer momento, tomen conocimiento del conjunto del párrafo, sin detenerse en los puntos difíciles. Podrán volver sobre ellos más tarde, si fuera necesario.

Encontrar las grandes partes

Para esto, apóyense en la foto panorámica que tomaron cuando sobrevolaron el texto: títulos, subtítulos, numeración, división en párrafos. A menudo, un párrafo corresponde a una parte (véase p. 140).

Detectar las palabras clave

Las palabras clave son aquellas que contienen el sentido principal, aquellas que son indispensables para comprender y recordar el mensaje (véase el ejemplo de la p. 35).

Detectar los conectores de articulación

Los conectores de articulación organizan las ideas, indican las relaciones entre los diferentes elementos del texto: "así", "pues", "sin embargo", etcétera. (Véase el cuadro de la p. 142.)

Evocar

Sin leer el texto, traten de recordar su contenido en la organización mental que más utilizan. ¿Son auditivos (predominancia del cerebro izquierdo)? Repitan el texto con sus propias palabras. ¿Son visuales (predominancia del cerebro derecho)? Vean el texto mentalmente, háganlo desfilar como si fuera una película.

Sea cual fuere el procedimiento utilizado, esta evocación mental es indispensable, ya que permite la apropiación del texto. Revela nuestro porcentaje de comprensión, de retención. Si toman el hábito de aplicar este paso, rápidamente obtendrán resultados espectaculares.

También es posible reforzar la evocación auditiva con la visual: la memorización resultará más fácil.

Verificar

Vuelvan al texto y controlen, confronten, rectifiquen, completen si fuera necesario.

3. Cómo canalizar la información: tomar notas

En la apropiación de conocimientos, el hecho de tomar notas desempeña una función esencial. Observando a los estudiantes, se demostró que aquellos que toman notas obtienen mejores resultados de comprensión que aquellos que sólo subrayan, quienes, a su vez, obtienen mejores resultados que los simples lectores. Cuanto más se trabaja con la información, más se la asimila.

Luego de detenerme en las técnicas básicas para tomar notas, presentaré dos métodos concebidos de manera diferente. Podrán elegir el más conveniente en función del estilo de aprendizaje de cada uno.

3.1. Las técnicas

Podrán anotar rápido y bien recurriendo a tres técnicas: T, A y S (T.A.S).

- T: escriban en estilo Telegráfico
Anoten únicamente las palabras clave.
Ejemplo: "La Antártida posee múltiples recursos" = "Antártida múltiples recursos".

- A: utilicen Abreviaturas
Abrevien ciertas palabras, las que aparecen más a menudo en el idioma, cualquiera sea el tema del que se trate.

33

Ejemplos: antes: a.; igual, ídem: íd.; por ejemplo: p. ej.; siempre: spre.; cuando: cdo., etcétera.

Empleen también abreviaturas de contexto: EM, por Edad Media, L por libertad, etcétera.

- S: empleen Signos o símbolos

Todos los signos o símbolos matemáticos son preciosos. Fabríquense un código personal y repítanlo siempre.

Ejemplos:	+	Más	-	Menos
	=	Igual	≠	Diferente
	≈	Aproximadamente	→	Hasta
	↗	Aumenta	⇉	Consecuencia

3.2. Tomar notas estructuradas

Después de haber efectuado una lectura profunda, pueden prolongar el itinerario mediante las operaciones siguientes:[4]

- Redacten una o dos oraciones que expresen las ideas de cada parte.
- Transformen estas ideas en títulos.

Las ideas principales serán transformadas en títulos y las complementarias, en subtítulos. Este procedimiento,

---

[4] Con un poco de práctica, podrán efectuar estas operaciones sin pasar por la detección de palabras clave ni por los conectores de articulación, más aun si el cerebro derecho es su predominante.

llamado nominalización, permite condensar y sintetizar la información.

- Construyan un plano del texto.

Escriban títulos y subtítulos de manera que puedan obtener un plano que valorice las relaciones entre los diversos elementos. Entre los títulos y los subtítulos, anoten el conector de articulación correspondiente, transcribiéndolo con un signo. Este plano es el esqueleto de las notas. Dentro de él, sólo tendrán que señalar brevemente la información que no esté contenida en títulos ni subtítulos. Muy a menudo, el plano resulta suficiente.

Ejemplo de cómo tomar notas estructuradas

Para el estadista, la guerra es ante todo una solución fácil. Cuando la situación interior se complica y se contamina, nada mejor que declarar una guerra para clarificarla. La guerra exime tanto de buscar trabajosos convenios como de equilibrar intereses divergentes. Paradójicamente, podría decirse que la guerra es el fin de las querellas: a menudo se pelea por horror a discutir.

La guerra es el reposo de los gobiernos. Aunque sean éstos democráticos, ella les permite imponer el silencio, la sumisión, la obediencia pasiva, las privaciones múltiples a los ciudadanos, transformados ahora en súbditos. Se suspenden las elecciones y los jefes se vuelven inamovibles.

G. Bouthoul, *La Guerre*,
Presses Universitaires de France, 1983.

Las palabras subrayadas son las palabras clave. Es posible que encuentren otras, más elocuentes para ustedes.

---

1. LA GUERRA: UNA SOLUCIÓN FÁCIL

   1.1. Guerra exterior
      ↓↓↓ ●——————— marca la consecuencia

   1.2. Fin de las querellas internas
      + ●——————— desarrolla una nueva idea
                     que va en el mismo sentido

2. LA GUERRA: REPOSO DE LOS GOBIERNOS

   2.1. Plenos poderes
      +
   2.2. Inamovilidad

3.3. El esquema heurístico

El método anterior sigue el orden lineal del texto. El esquema heurístico[5] es muy diferente. Consiste en colocar el tema principal en el centro y en dejar que las ideas se ramifiquen a partir de este tema. Las ideas traducidas por palabras clave se ponen sobre líneas, que, a su vez, están relacionadas con otras líneas.[6]

[5] La heurística es la ciencia de las técnicas y de los métodos de invención; del griego *eureka*, "encontré".
[6] Encontrarán ejemplos de esquemas heurísticos al final de los capítulos 1, 2, 3 y 4.

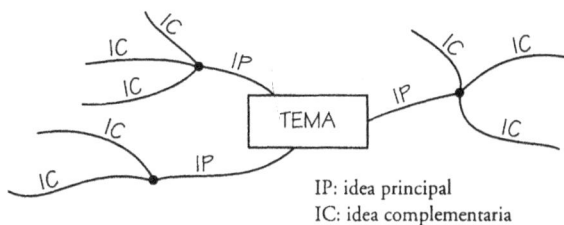

IP: idea principal
IC: idea complementaria

El grado de importancia de las ideas aparece claramente: las ideas principales se encuentran cerca del centro; las ideas complementarias, en la periferia. Para determinar la correspondencia entre las grandes zonas del esquema y del texto, pueden utilizarse colores, formas geométricas u otras más fantasiosas. Las relaciones entre las ideas que figuran en partes diferentes pueden señalarse con flechas.

Este método permite la movilización de la totalidad del cerebro, ya que estimula el hemisferio izquierdo con las palabras y el hemisferio derecho con la disposición espacial. También favorece la memorización por dos razones: por un lado, es más fácil establecer relaciones gracias a la proximidad de los conceptos (como es sabido, la memoria funciona según un proceso asociativo); por otro lado, cada esquema es diferente de los demás: la visualización constituye un medio adicional para ayudar a recordar.

Es verdad que el esquema heurístico puede resultar un poco extraño al principio. Sin embargo, todos los años me encuentro con estudiantes para quienes, según sus propias palabras, este esquema fue una "revelación". Inténtenlo, aunque sea una vez.

Dado que muchos capítulos de este libro terminan con un esquema heurístico, esta manera de tomar notas se les volverá familiar. Si el libro les pertenece, no duden en marcarlo con círculos utilizando rotuladores fluorescentes de diferentes colores.

4. Cómo registrar: la fase del aprendizaje

4.1. Ante todo, comprender

Un texto bien comprendido es un texto que podemos recordar. Por eso, tanto la lectura profunda como la síntesis personal a través de notas son indispensables.

4.2. Estructurar

¿Qué resultados obtuvieron en la experiencia Nº 1? Seguramente pudieron recordar mayor cantidad de palabras de la serie 2. ¿Por qué? Porque las palabras de la serie 1 pertenecen a diversos campos, mientras que las de la serie 2 pertenecen a dos grandes categorías: instrumentos de música y escritos de diferentes formas. Esto significa que la memoria, al recibir informaciones, no las acumula ciegamente, sino que precisa organizarlas, estructurarlas. *La búsqueda de sentido es inherente al es-*

píritu humano. Además, probablemente anotaron las palabras de la serie 2 agrupándolas por temas y no según el orden inicial: buscaron inconscientemente el modo de memorización más eficaz.

La memoria retiene más fácilmente conjuntos organizados que hechos inconexos. Además, si los elementos no se integran en una arquitectura coherente, experimentamos una sensación desalentadora de acumulación y de dispersión. Esto sucede a quienes "tragan" nociones desordenadamente, sin tomarse el tiempo de buscar la coherencia que subyace en ellas. Vivido como algo desagradable, el aprendizaje da resultados decepcionantes: el cerebro abandona en el olvido la información confusa.

¿Cómo proceder?

Es fácil comprender ahora por qué, para estudiar, es preferible examinar primero los *títulos* y los *subtítulos* de los libros o de las notas. De esta manera, crean un *marco* dentro del cual incorporan la información. Luego, debe irse de lo general a lo particular. Lleguen a los detalles habiendo establecido relaciones con el resto de los elementos; sitúenlos dentro de todo el conjunto. Las notas jerarquizadas tipográficamente constituyen una ayuda preciosa.

La tarea de estructurar facilita tanto la *adquisición* como el *repaso*. Las informaciones, como los libros en las bibliotecas, se encuentran más fácilmente si están clasificadas.

4.3. Asociar

¿Qué resultados obtuvieron en la experiencia N° 2? ¿Cómo los explican?…

Seguramente obtuvieron resultados muy superiores en la lista 2. Esta lista, contrariamente a la primera, no está compuesta por una seguidilla aleatoria de palabras sino que obedece a un desarrollo lógico y cronológico (aunque alguien desayune antes de ducharse…) que permite establecer una relación entre los elementos.

Abordamos aquí un punto esencial. La imagen clásica de la memoria como si fuera un grabador que registra todo lo que oye es una idea errónea. Aprender, contrariamente a lo que se creyó durante mucho tiempo, no es un proceso pasivo que consistiría en acumular las palabras y los escritos de otro. El saber sólo puede construirse estableciendo relaciones entre los conocimientos que ya se tienen y aquello que se está aprendiendo.

Para integrar nuevas informaciones –y no sólo recitarlas de memoria inmediatamente después de haberlas aprendido–, es necesario relacionarlas con las que ya conocemos y también entre ellas.

El cerebro funciona esencialmente estableciendo *interconexiones, interrelaciones*. En consecuencia, una vez que se capta una información, memorizarla eficazmente equivale a multiplicar sus relaciones con conceptos cercanos. Su recuerdo será mayor si la información fue relacionada con otras nociones e integrada dentro de una red.

¿Cómo proceder?
– Encuentren las *analogías*: busquen las semejanzas; establezcan asociaciones, paralelismos.
– Encuentren los *contrastes*: busquen las oposiciones, los contraargumentos.
– Asocien cada palabra nueva con una idea.
– Asocien cada término geográfico o anatómico con un lugar preciso, y visualícenlo.
– Asocien cada fecha con otros hechos históricos; sitúenla dentro de un contexto cronológico.

4.4. Explotar las diferentes formas de memoria

La memoria es *multiforme*. A cada uno de los cinco sentidos le corresponde una forma de memoria: la vista se relaciona con la memoria visual; el oído, con la memoria auditiva; el tacto, con la memoria kinestésica o motriz; el gusto, con la memoria gustativa; el olfato, con la memoria olfativa; recordemos la magdalena de Marcel Proust. En la tarea de estudiar, intervienen esencialmente las tres primeras memorias.

Mientras que existen zonas del cerebro que corresponden específicamente a los diferentes sentidos, no hay una zona específica donde se sitúe la memoria. La memoria no tiene un sitio anatómico, está en todas partes. Por eso sería más exacto hablar de memorias y no de memoria.

Cada uno posee una forma privilegiada de memoria según su funcionamiento cerebral. Si funcionamos mejor con el cerebro izquierdo, recordaremos mejor las palabras que las imágenes; si funcionamos mejor con el cerebro derecho, ocurrirá lo contrario. Si bien es preferible comenzar con el modo en que funcionamos mejor, no debemos descuidar los demás canales: multiplicaremos nuestras posibilidades de retención. Utilicen las diferentes memorias para que éstas se ayuden y se complementen (véase a continuación). Al repasar, contarán con distintas vías para recobrar la información.

¿Cómo proceder?

- Memoria visual
  - Tomen una foto mental de la diagramación de la página. Si estudian con notas, háganlas de manera que la presentación atraiga la mirada. Para esto, utilicen los consejos dados para las notas estructuradas (p. 35) y para el esquema heurístico (p. 36).
  - Examinen las ilustraciones: fotografías, mapas, esquemas, etcétera.
  - Luego de la lectura, represéntense mentalmente el plano, las grandes líneas del curso.

- Memoria auditiva
  - Si se trata de apuntes de una clase a la que asistieron, evoquen la voz del profesor, sus entonaciones.
  - Lean en voz alta los títulos, las fórmulas evocadoras, algunas palabras clave y, eventualmente, el re-

sumen (el del libro, si lo tiene, o mejor aun, el de ustedes).
- En presencia de un poema o de una obra de teatro, en donde la sonoridad es importante, estudien en voz alta.
- Luego de la lectura, desarrollen los apuntes con sus propias palabras, reconstituyan oralmente el razonamiento, háganse preguntas.
- Si se les presenta la oportunidad de trabajar en grupo, háganlo; contrólense recíprocamente.

¿Es útil grabar en casetes aquello que deben estudiar y aprender escuchándolos? Este procedimiento lleva tiempo: la velocidad se ve limitada por la palabra (9 mil palabras por hora), hecho que no sucede con la lectura visual (27 mil palabras por hora, como término medio). Si un soporte oral les parece útil, graben únicamente el plano, o una síntesis breve.

• Memoria motriz
- Escriban los nombres propios, las palabras difíciles, las fechas.
- Realicen un esquema, un organigrama: estimularán tanto la memoria motriz como la memoria visual.

Para que todo el cerebro trabaje, el mejor método consiste en *asociar estas diferentes técnicas*: hablar, recitarse a sí mismo, escribir, dibujar... *Pasar de un lenguaje a otro*, del texto al croquis y del croquis al texto, movilizando cada vez ambos hemisferios cerebrales; esto constituye una garantía de asimilación duradera.

4.5. Prever pausas

La memorización disminuye a medida que el tiempo va pasando. Por eso, aunque crean que todavía están en plena posesión de sus facultades y sientan que su apetito de saber sigue intacto, es indispensable prever pausas durante los períodos de aprendizaje. Mientras que la comprensión puede mantenerse en un nivel constante, no sucede lo mismo con la memorización. La memoria posee una particularidad: sólo puede absorber lo que puede clasificar (véase p. 38). ¡Cuidado con los embotellamientos! Si las informaciones que llegan son demasiado numerosas, se ponen en la cola, y a veces, se van. Leer durante tres horas seguidas –práctica difundida porque muchos estudiantes ignoran el funcionamiento de la memoria– es ineficaz.

La duración ideal para una secuencia de aprendizaje es de entre *20 y 45 minutos* (para calcular la capacidad de asimilación, véase p. 29). Si es más corta, no dispondrán del tiempo necesario como para captar el conjunto y experimentarán una sensación de dispersión. Si es más larga, corren riesgo de saturación. Las pausas (diez minutos como mínimo) deben ser verdaderos momentos de *distensión*. No sigan con el ojo en los apuntes; escuchen música, hagan un llamado telefónico, beban, coman algo, hagan algunos movimientos de gimnasia, efectúen dos o tres respiraciones profundas o relájense (véase p. 86).

En realidad, ¿qué sucede durante las pausas? El cerebro efectúa un trabajo de decantación, de estructuración, de asociación de conocimientos nuevos con conocimientos anteriores, y esto permite una mejor integración. El cuerpo puede distenderse: evitarán así una acumulación de tensiones siempre perjudicial para el estudio y... para el equilibrio psíquico.

4.6. Neutralizar los efectos perversos

Tomen las palabras memorizadas en la lista 1 de la experiencia N° 2. ¿Cuál es el sitio de estas palabras? ¿Qué particularidades presentan?

Es probable que hayan recordado los términos que figuran al principio y al final de la lista. Además, seguramente guardaron en la memoria "hipoalergénico", palabra cuya consonancia y morfología difieren de las demás, y "conjunto", que aparece dos veces.

¿Qué debemos deducir? Salvo alguna dificultad particular, la memoria retiene mejor:

– los elementos que se sitúan al principio y al final del aprendizaje: traten, pues, de destacar lo que se sitúa en el medio para atenuar el efecto de posición;

– los elementos que se destacan;

– los elementos que se repiten.

4.7. Ponerse a prueba

Para verificar qué registraron, al final de la secuencia de aprendizaje, *simulen una prueba* escrita u oral. Luego, corroboren la exactitud, completen lagunas. Conocer su propio nivel y fijarse el objetivo de mejorarlo estimula y conduce a resultados superiores.

5. Cómo retener:
las fases de reactivación

Observen la siguiente curva de retención. Pueden notar que la memorización aumenta un poco inmediatamente después del aprendizaje; luego disminuye rápidamente. Al día siguiente, hemos olvidado el 80% de los detalles.

Cantidad retenida

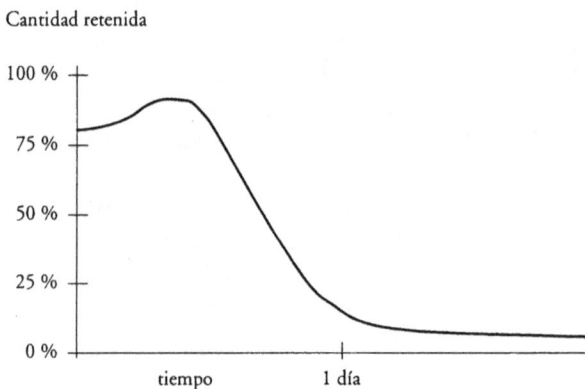

La curva de retención[7]

[7] Tomado de T. Buzan, *Une tête bien faite: exploitez vos ressources intellectuelles*, d'Organisation, 1981.

Felizmente, aquello que parecía desaparecido, en realidad sólo está escondido y, cuando lo buscamos, lo recobramos rápidamente.

El psicólogo Charles Furst compara la memoria con la ladera de una colina. Con la primera lluvia, el agua se escurre y no deja huellas aparentes. Sin embargo, la segunda lluvia encuentra el mismo trayecto y empieza a cavar un canal. Las lluvias ulteriores van marcando cada vez más el paso. También la información debe tomar varias veces las mismas vías para que el camino neuronal se fije. Es el objetivo del repaso. En cada repaso, observamos que:

- el aprendizaje es más rápido;
- el olvido es más lento y menos importante.

¿Cómo proceder?

Según la dificultad de la materia y el interés que le presten, se necesitan entre cuatro y seis revisiones para grabar a largo plazo los conocimientos en la memoria. Estas revisiones se harán un poco después del primer aprendizaje; luego, podrán espaciarse en la medida en que el olvido disminuya y el período de dominio completo se alargue.

Para consolidar eficazmente los recuerdos, es aconsejable prever *secuencias de reactivación* según el ritmo siguiente:

– Diez minutos después del primer período de aprendizaje, por ejemplo, luego de una pausa. Antes de continuar con el estudio, repasen rápidamente lo que estudiaron antes, leyendo las notas. Esta técnica les permitirá, además, relacionar los datos entre ellos y dar una coherencia al conjunto.

- Al final del primer día.
- Durante la primera semana.
- Durante el primer mes.
- Dentro de los seis meses.

Es particularmente importante efectuar una revisión general al final del primer día para dejar al cerebro la posibilidad de actuar durante la noche. El sueño se descompone en una sucesión de ciclos de noventa minutos aproximadamente. Un ciclo contiene dos fases principales: el sueño profundo y el sueño paradójico, tiempo durante el cual soñamos. Durante el sueño paradójico, se consolida el aprendizaje, mediante un trabajo de clasificación, de estructuración de los conocimientos adquiridos durante la jornada: nos reprogramamos, nos autoverificamos. Esta actividad subconsciente desempeña una función muy importante dentro del aprendizaje.

La idea de volver varias veces sobre lo mismo tal vez los deje perplejos. Tranquilícense. Por un lado, aquello que ya fue objeto de una memorización se vuelve a fijar más rápidamente. Si la primera reactivación les lleva diez minutos, la segunda les llevará entre cinco y seis, y así sucesivamente. Por otro lado, al repasar, no se trata de volver a leer todo el libro, todo el capítulo... sino de echar un vistazo a las notas. Por eso aconsejamos las notas que concentran un máximo de información en un mínimo de lugar. Si prefieren notas más abundantes, lean únicamente los títulos y subtítulos.

En todo caso, *sin reactivación, la memoria no puede desempeñar su función*. Algunas personas están convencidas de no tener memoria, pero en realidad, no es así.

Simplemente, es posible que ignoren cuán ineficaz es una sola impresión. Esta situación es grave porque la memoria funciona estableciendo asociaciones; así, cuantos menos elementos posee, menos puede registrar. Por el contrario, cuanto más aprende, más fácil le resulta continuar: los nuevos conocimientos se injertan en el núcleo de los conocimientos anteriores. Este fenómeno es semejante al de la formación de una bola de nieve: cuanto más rueda, más crece.

Para memorizar vocabulario en un idioma extranjero pueden trazarse seis columnas por cada página del cuaderno o libreta donde se registran las palabras nuevas. En cada repaso, marquen una columna. En la quinta o sexta reactivación, observarán que conocen tan bien estas palabras como su propio número de teléfono; estarán grabadas en su memoria.

6. Cómo recobrar lo aprendido: el momento de recordar

La tercera fase del proceso de memorización, recordar lo que se ha estudiado, es el momento más importante de todos. La eficacia de esta fase depende de las dos primeras: el aprendizaje y el almacenamiento. Los conocimientos nuevos, asociados con los anteriores, estructurados, registrados activamente por diferentes canales (visual, auditivo, gestual) y reactivados repetidas veces, serán recordados sin dificultad.

Para facilitar este momento, debe reavivarse mentalmente el aprendizaje. ¿Cómo?

— Evocando los soportes utilizados: a través de imágenes, recreando el plano, los títulos, los subtítulos, las palabras que destaca la tipografía.

— Evocando la voz del profesor, las preguntas formuladas y las respuestas dadas, las palabras que llamaron su atención.

— Evocando los gestos del profesor, los de ustedes y sus compañeros, dibujando un esquema...

Seguramente, la información surgirá por el canal que ustedes prefieren, pero si éste fallara, los demás canales estarán a su disposición. Para realizar un trabajo evaluado en función de la elaboración personal o de la imaginación (por ejemplo, redactar una monografía), proponemos, en el capítulo 5, dos procedimientos para movilizar conocimientos y encontrar ideas.

7. Los procedimientos mnemotécnicos

Los procedimientos mnemotécnicos son muy antiguos. Durante mucho tiempo fueron desdeñados en el ámbito escolar, pero actualmente empiezan a enseñarse en algunas escuelas y universidades.

Todo lo que hemos dicho, en particular las conclusiones de las dos experiencias propuestas, permiten encontrar el principio de estos procedimientos. Todos reposan en *asociaciones* y *relaciones*. Cuando los elementos que deben memorizarse (lista de palabras aisladas, lista de nombres propios, reglas ortográficas) no contienen ninguna lógica interna, ninguna relación, la mnemotecnia crea una lógica externa, integrando dichos elementos dentro de una frase. Actúa dando sentido a los elementos que deben memorizarse, situándolos dentro de un contexto.

Ejemplos:
– "Treinta días trae noviembre con abril, junio y septiembre; de veintiocho sólo hay uno, y los demás, de treinta y uno." Ayuda a recordar cuántos días tiene cada mes del año.
– "SorCarToa" es una frase inventada que ayuda a recordar las funciones trigonométricas (reemplazando la "H" por "R": Seno es lado opuesto sobre hipotenusa; Coseno, adyacente sobre hipotenusa; Tangente, opuesto sobre adyacente).

Entonces, los medios mnemotécnicos no sólo se apoyan en asociaciones, sino también en imágenes (transformar en concreto lo que es abstracto), en sonoridades (ritmos, consonancias). Cuanto más agradables o incongruentes sean estas imágenes o sonoridades, mejor se las retendrá; puesto que en estos casos no sólo se estimula el cerebro derecho y/o el cerebro izquierdo, también se estimula el cerebro límbico, asiento de la afectividad. Estos procedimientos son muy utilizados en la publicidad.

Entre los métodos que existen, sólo mencionaré dos: el método de las sílabas y el método de las iniciales, dado que son de sencilla aplicación. Otros métodos, como el de las palabras con rima[8] o el método de los lugares,[9] crean un código artificial que suele ser más difícil de recordar que aquello que debía memorizarse originariamente.

• *Método de las primeras sílabas*
Este método es conveniente para las palabras que pueden recordarse en desorden. Tomen las primeras sílabas de las palabras que deben recordar y hagan una oración. Así, para memorizar las hexosas (aldosa, altrosa, glucosa, manosa, guanosa, idosa, galactosa y talosa), estudiantes de biología inventaron la siguiente frase: *Al*go *al*terada *Gl*adys *man*dó *gua*rdar *id*énticos *ga*stados *ta*lismanes.

• *Método de las iniciales*
Pueden recurrir a este método cuando las palabras deben ser memorizadas según un orden. Se memoriza to-

---

[8] Se trata de asociar las palabras que deben memorizarse (por ejemplo, mesa, autobús, etcétera) con una lista, siempre igual, de palabras numeradas del 1 al 10: uno = ganado vacuno (nótese la rima); dos = coz... Para recordar las palabras, puede imaginarse una mesa encima de la cual hay muchas vacas, un autobús que avanza dando coces...

[9] Cada palabra que debe memorizarse entra en la memoria situada en un lugar preciso: el pan en el ascensor, el salero sobre la vereda, etcétera.

mando la primera letra de cada palabra. Es lo que propongo para retener las tres técnicas básicas para tomar notas: T.A.S. (véase p. 33) y las cuatro etapas para analizar un tema: T.L.P.D. (véase p. 94).

Estos procedimientos son útiles, pero deben emplearse de manera limitada; en caso contrario, se corre el riesgo de sobrecargar la memoria en lugar de ayudarla. Desconfíen de esos libros que proponen una memoria a toda prueba, apoyándose sólo en estos métodos.

Ejercitación

Ejercicio 1
Objetivo: conocer y manejar diferentes modos de tomar notas.

1. Lea el texto siguiendo el itinerario de lectura profunda.
2. Tome notas estructuradas y dibuje un esquema heurístico.

UN EQUILIBRIO FRÁGIL

El hombre siempre modificó la naturaleza para volverla más productiva. Mientras no dispuso de máquinas perfeccionadas, su poder era limitado. Actualmente, las cosas son diferentes. El hombre puede cambiar en algunos días un paisaje que tardó milenios en formarse. Estas intervenciones conducen a veces a resultados desastrosos. Los ejemplos siguientes lo prueban.

Setos y taludes abundaban en las regiones boscosas; las parcelas eran, pues, muy pequeñas y los agricultores no podían explotarlas con instrumentos modernos. Por esta razón, se destruyó una gran cantidad de setos y taludes.

Ahora bien, los setos y los taludes presentan ventajas. Ante todo, protegen contra el viento; las experiencias mostraron que, con una densidad correcta, llevaban a un aumento de la producción del orden del 15%. Además, constituyen un refugio para el ganado. También en ellos se abrigan diferentes tipos de animales: serpientes, comadrejas, rapaces, etcétera, sumamente útiles para impedir que pululen roedores y ciertos insectos verdaderamente nocivos. El efecto benéfico de los rapaces es muy superior a los perjuicios que causan algunos de ellos entre los animales de caza; por ejemplo, atacan a los animales enfermos, impidiendo la propagación de enfermedades; además, están protegidos por la ley.

Por otro lado, tanto setos como taludes retienen el excedente de agua y mantienen la humedad para los tiempos de sequía, evitando así la erosión. Por esta razón, en los terrenos accidentados, toda modificación debe efectuarse con prudencia.

Tomado de *Demain nous voulons vivre:*
nature, santé, cadre de vie,
documento sobre el medio ambiente
editado por la prefectura de la región del Loira
y la universidad de Nantes,
diciembre de 1970.

Conserve las notas. Dos o tres semanas después de este ejercicio, retómelas e intente recuperar el contenido del texto. Según los resultados obtenidos con cada uno de los métodos, sabrá cuál es el que le conviene más.

Ejercicio 2

Objetivo: conocer y manejar diferentes modos de tomar notas.

Elija un tipo de notas y aplíquelo a cada capítulo o a cada sección de capítulo de este libro.

Ejercicio 3

Objetivo: poner a prueba la capacidad de memorización.

Trate de recordar las grandes leyes de la memoria a partir de lo que ha leído en este capítulo.

Ahora, las puertas han sido abiertas: *desde hoy* pueden aplicar los principios aprendidos para adquirir conocimientos en los ámbitos que desean.

ESQUEMA: *Memorizar*

3. Sacar provecho de una clase

Para estudiar, las clases, además de los libros, constituyen el material principal de información. Para realmente adquirir conocimientos a partir de una clase o, en general, de toda comunicación oral –ponencia, debate, conferencia–, sólo estar presente no es suficiente. Se trata de captar las informaciones escuchando de manera activa; luego se les da forma para asimilarlas más fácilmente. Este capítulo les permitirá llevar a buen término estas actividades.

1. Escuchar no es oír

Sacar provecho de un curso supone, ante todo, saber escuchar. Pero escuchar no es oír. Por ejemplo, oímos los ruidos de la calle, pero cuando esperamos a alguien, escuchamos el crujido de la puerta; de la misma manera, oímos las conversaciones alrededor de nosotros en el bar de la facultad, pero escuchamos la voz del amigo en el teléfono. En el primer caso, somos pasivos; en el segundo caso, activos. Para oír, sólo funcionan los circuitos del oído; para escuchar, se moviliza todo el cerebro.

Diferentes estudios demostraron que la capacidad de escucha tendía a disminuir entre la infancia y la edad adulta: entre los 5 y los 7 años, la capacidad es del 90%; del 44% a los 14 años, y del 28% a partir de los 17 años. Aunque intervienen distintos factores, hay razones que pueden explicar esta disminución progresiva de la capacidad de escucha: al comenzar la escolaridad, los niños, que acaban de salir de su etapa egocéntrica, desean escuchar a la maestra, especialmente porque no dominan la lectura, de manera que la adquisición de conocimientos se efectúa esencialmente por ese canal.

Sin embargo, esta disminución no es irreversible. Los consejos siguientes pueden ayudar a escuchar mejor.

2. Cómo mejorar la calidad de escucha

Escuchar es una actividad voluntaria. Existen algunas actitudes físicas que facilitan esta actividad, pero ella depende, ante todo, de nuestra actitud mental.

2.1. Actitudes físicas

Las investigaciones efectuadas en este ámbito demostraron que era preferible tener al profesor o al conferenciante a la derecha de uno, más que a la izquierda, y, sobre todo, sentarse de manera tal que se lo pueda ver de frente. Si el aula está repleta, traten de llegar temprano para elegir un lugar adecuado.

De todos modos, una clase o una comunicación oral es siempre más fácil de comprender cuando puede *verse al orador*. En efecto, en este caso, el mensaje se transmite no sólo mediante las palabras, sino también mediante los gestos y la actitud. Se movilizan, pues, el cerebro izquierdo *y* el cerebro derecho. Además, es una técnica eficaz para evitar la dispersión.

2.2. Actitud mental

La motivación

La clave para una buena calidad de escucha reside en el interés que prestamos a lo que nos están diciendo. Es necesario desarrollar la motivación hacia la materia del curso, destacando los motivos para tenerla en cuenta, en particular si la materia no es demasiado atrayente.

Una buena estrategia es pensar en:

– relacionar el campo de la materia con sus futuras actividades profesionales;

– buscar la importancia de la materia dentro de la carrera;

– despertar su curiosidad intelectual, interrogándose sobre el tema;

– repasar de vez en cuando lo aprendido: los progresos efectuados son alentadores;

– fijarse objetivos precisos, como si fueran desafíos que deben vencer; esto los estimulará.

La atención

El desarrollo de un curso se efectúa de manera lineal, en el orden previsto por el profesor. No es posible volver hacia atrás como si estuvieran ante un texto escrito. El mensaje oral es fugaz. Además, la facultad de concentración es aun más importante para escuchar que para leer.

La facultad de concentración varía según los individuos y según las disciplinas; también depende de la forma del curso, de la pedagogía más o menos dinámica, de la personalidad del profesor, de la utilización de soportes visuales... De cualquier manera, es posible aumentar el umbral de vigilancia. Para ello, lean los consejos siguientes y hagan los ejercicios de la p. 68.

¿Cómo favorecer la atención?
Por supuesto que sin crisparse ni fruncir el entrecejo. La única verdadera ley de la atención consiste en escuchar con el *proyecto de encontrar el contenido* de lo que ha sido formulado.

Para sentirse implicados, intenten anticipar la clase en vez de seguirla (seguir ya es estar detrás...), aprovechen todas las oportunidades para *participar* activamente: respondan a las preguntas, interroguen, etcétera.

Escribir contribuye a escuchar mejor y a prestar una atención más vigilante. En efecto, el hecho de saber que van a escribir y que luego utilizarán esas notas los volverá atentos a no perder el hilo, a captar el mensaje.

Por eso, aunque puedan conseguir el apunte, es preferible tomar notas. Esta actividad no sólo es una garantía de atención sino también de memorización. Al seleccionar lo esencial, realizan un primer procesamiento de la información. Recuerden la experiencia de la p. 33: una información que ha sido trabajada, ya ha sido asimilada en parte.

3. Antes de la clase

Para estar en condiciones óptimas en la clase, estén listos intelectual y materialmente.

3.1. Anticipar

La adquisición de conocimientos a partir de un mensaje oral se ve facilitada cuando el oyente se anticipa a la información. Para ello, antes del curso,

– documéntense sobre el tema; por ejemplo: echen un vistazo al apunte o al capítulo del libro relacionado con él;

— repasen rápidamente la clase anterior para captar el conjunto y reavivar la memoria;

— evoquen lo que saben o creen saber sobre el tema que se tratará en clase;

— prevean las preguntas a las cuales la clase puede responder.

De esta forma, están preparados para escuchar de manera más activa y estarán más relajados y hábiles para tomar notas.

3.2. Diagramar

En la parte superior de la hoja de la primera página, escriban la fecha y la materia; si se trata de una conferencia, escriban el nombre del conferenciante. Si no poseen todos estos datos, dejen lugar para agregarlos a su debido tiempo. También pueden dejar un espacio para mencionar, con algunas palabras, uno o dos elementos que luego permitirán ubicar la clase dentro de un contexto: un hecho importante ocurrido antes de la clase (una llamada telefónica, un encuentro o un hecho inesperado), durante la clase (un ataque de risa, un lapsus del profesor), o, simplemente, el humor que tenían ese día. Al retomar las notas, revivirán mentalmente la situación y la memorización será mejor.

Para facilitar las notas definitivas, pueden dividir las hojas en varias zonas.

Zona 1	
Zona 3	Zona 2
Zona 4	

Atribuyan una función específica a cada una de estas zonas, por ejemplo:

– Zona 1: referencias (en la primera hoja, materia, fecha, profesor; número de hoja en las páginas siguientes).

– Zona 2: notas de la clase.

– Zona 3: títulos o frases para sintetizar, incluso, palabras clave.

– Zona 4: reflexiones personales, informaciones complementarias o notas sintéticas (títulos y subtítulos para las notas estructuradas, esquema heurístico).

En caso de no adoptar la división por zonas, prevean márgenes amplios. No duden en dejar espacios, eviten la asfixia…

4. Durante la clase

Hemos visto que, al tomar notas, mejoramos nuestra calidad de escucha; esta "memoria de papel" constituye, a menudo, el único medio para recuperar la información.

Es el momento de aplicar las técnicas presentadas en el capítulo 2 acerca de cómo tomar notas a partir de un documento escrito. Sin embargo, en el discurso oral existen algunas especificidades que requieren un enfoque particular.

4.1. Ser rápidos

Una persona pronuncia alrededor de 9 mil palabras por minuto; en el mismo tiempo, sólo podemos escribir entre 1.200 y 2.400. Más que nunca, utilicen las abreviaturas; una vez que el tema del curso fue definido por el profesor, adopten algunas abreviaturas especialmente creadas para la circunstancia.

4.2. Ser selectivos

Aunque utilicen las abreviaturas, será imposible anotar todo; no sólo imposible e inútil, sino también perjudicial, pues, en lugar de estar activos para captar lo esencial, sólo copiarán de manera mecánica, sin permitir que intervenga la inteligencia.

¿Cómo detectar lo esencial?

Es obvio que los procedimientos que utilizamos para destacar lo esencial en el escrito (tipografía, colores…) no existen en el oral. Pero existen signos verbales y no verbales[1] que permiten distinguir los elementos clave.

---

[1] Los signos no verbales: los gestos, las actitudes, la mirada, tienen una importancia primordial en el mensaje oral. Por eso, grabar el curso para estudiarlo más tarde no es una táctica provechosa, pues no contamos más que con la voz.

Así, para señalar los *pasajes estratégicos*, el locutor habla de manera más pausada; levanta la voz; refuerza la información con un gesto, con una actitud; hace una pausa; duplica la demostración oral escribiendo en el pizarrón, mostrando una diapositiva, una lámina...

Además, las redundancias, es decir, las repeticiones de una información previa bajo otra forma –también presentes en el escrito–, son numerosas en el oral. Un orador experimentado sabe que el oyente necesita tiempo para anotar y para asimilar: al reformular las ideas principales aumenta las posibilidades de ser comprendido.

Si algo se les escapó, dejen un espacio que completarán más tarde: no corran el riesgo de perder el hilo.

4.3. Encontrar la estructura

La escritura y la oralidad emplean procedimientos diferentes para destacar la organización del discurso. Mientras que en el escrito, la organización material (títulos, subtítulos, párrafos...) revela la arquitectura del texto desde el primer vistazo, el oral posee otros puntos de referencia.

Al principio de la clase o de la conferencia, el profesor anuncia la estructura de su exposición, e incluso a veces la escribe en el pizarrón. Durante su exposición, va recordando la estructura y señala el paso de una parte a otra con expresiones del tipo:

- abordamos ahora el segundo aspecto;
- hemos dicho…, ahora vamos a ver;
- estudiaremos ahora…

Si están atentos a estos indicios, para encontrar el armazón sobre el cual reposa el curso, alcanzará con saltar algunas líneas, en el caso de tomar notas estructuradas, o de comenzar una nueva ramificación, si eligieron el esquema heurístico.

5. Después de la clase

Para que las notas no se vuelvan inutilizables deben revisarlas muy rápido. Corríjanlas lo más temprano posible, mientras los recuerdos todavía están frescos. Efectuarán así tres operaciones básicas.

5.1. Aclarar

- Indiquen la significación de las abreviaturas si no tuvieron tiempo de hacerlo en clase.
- Completen las lagunas; en caso de dificultad, podrán pedir la información a otro estudiante o al profesor.
- Vuelvan a escribir las palabras u oraciones poco legibles.
- Busquen el significado de las palabras que desconocen, verifiquen la ortografía de las palabras nuevas.
- Subrayen, marquen o señalen con flechas los elementos clave para destacar las ideas principales.

5.2. Jerarquizar

Utilicen el espacio dejado entre las diferentes partes para poner un título a cada una de ellas y numerarlas; se destacará así el armazón que sostiene todo el edificio.

5.3. Sintetizar

Preparen una síntesis personal, pues es más fácil para memorizar: puede ser a través de un resumen, notas estructuradas, etcétera... Nada les impide realizar dos tipos de notas diferentes en su concepción y en su presentación. La asociación de ambos métodos estimula el conjunto del cerebro y multiplica las posibilidades de retención.

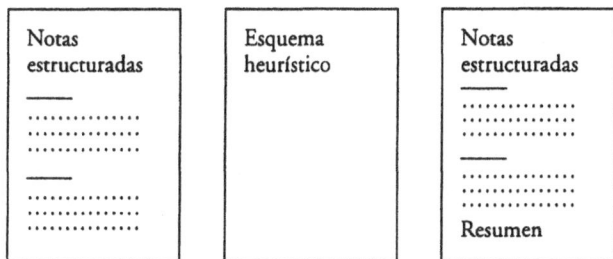

Notas estructuradas	Esquema heurístico	Notas estructuradas
—........... .... —		.... — .... Resumen

Sistema doble de notas

Pueden prever sistemáticamente –particularmente para las notas que sirven para estudiar– dos páginas, o una misma hoja dividida en dos zonas. Cada una de estas páginas o cada una de estas zonas se reservará para uno u otro procedimiento.

Ejercitación

Primera serie
Objetivo: aumentar la capacidad de concentración.

Ejercicio 1
1. Elija un objeto. Examínelo pensando que deberá recordarlo con precisión (forma, dimensiones, textura, color, etcétera). Mentalmente, tómele una foto, alejando todos los demás pensamientos.
2. Cierre los ojos y describa el objeto concentrándose en la imagen visual que creó.
3. Confronte el cuadro mental con el objeto.
4. Al principio le parecerá difícil, pero poco a poco la calidad de evocación irá mejorando: encontrará cada vez más detalles fieles al modelo.
5. Renueve regularmente esta actividad, partiendo de objetos más complejos (por ejemplo, una pintura).

Ejercicio 2
En los medios de transporte, en el consultorio del dentista, haciendo cola en la caja del bar universitario..., evoque un recuerdo agradable. Reviva mentalmente cada detalle de la situación, sin dejarse perturbar por el entorno.

Ejercicio 3
Piense en un tema determinado durante tres minutos, controlados por reloj. Piense en otro tema durante el mismo

tiempo, luego en otro... No más de cinco temas. Puede aprovechar este ejercicio para pasar revista a las diferentes clases a las que asistió.

Luego de algunos ejercicios de este tipo, le resultará fácil mantener la concentración en un tema, abstrayéndose de los estímulos externos.

Ejercicio 4

Este ejercicio es un poco más difícil. Consiste en separar un todo en los elementos que lo componen. Por ejemplo, mire un edificio concentrándose alternativamente en:

- su forma,
- sus dimensiones,
- la cantidad de pisos,
- las aberturas (puertas, ventanas),
- los materiales (cemento, madera, vidrio).

Efectúe luego la operación contraria: reconstituya el conjunto partiendo de los elementos que fue individualizando.

A medida que adquiera práctica efectúe este ejercicio desarmando mentalmente la página doble de un libro de fotografías documentales y reconstituyendo luego el conjunto.

Estos ejercicios deberán renovarse hasta que logre evitar la dispersión.

Ejercicio 5

Lea el primer párrafo y luego tápelo: entre las tres oraciones propuestas (a, b, c), deberá encontrar aquella cuyo contenido se acerca más al párrafo leído, aunque no esté expresado con las mismas palabras. Repita el mismo ejercicio con los dos párrafos siguientes.

Si tiene la oportunidad de practicar esta actividad con otra persona, hágalo alternando el turno para la lectura de los párrafos y las soluciones. Ambos ejercerán así sus capacidades de atención y de escucha.

1. "Las principales causas de destrucción de los bosques tropicales son las plantaciones industriales, la cría extensiva de ganado y la construcción de rutas y diques."

a. Las principales causas de destrucción de los bosques son las plantaciones industriales, la cría extensiva de ganado y la construcción de rutas y diques.

b. Los bosques tropicales se destruyen por las talas excesivas, por las plantaciones industriales, por la cría extensiva de ganado y por la construcción de rutas y diques.

c. Los bosques tropicales se ven amenazados por la construcción de rutas y diques, por la contaminación y por la cría extensiva de ganado.

2. "La violencia es un fenómeno propio del siglo xx; es la impresión que deja la abundancia de discursos y de escritos. Producto de la sociedad de consumo y de las frustraciones que esta sociedad engendra, la violencia se relaciona con su corolario, el miedo."

J. Savigneau, "La Violence", en *Le Monde*,
Dossiers et Documents, julio-agosto de 1979, núm. 63, p. 1.

a. Tanto los escritos como los discursos señalan que la violencia es una de las especificidades del siglo xx. Su causa sería la sociedad de consumo y las frustraciones que esta sociedad provoca. La violencia y su corolario, el miedo, poco a poco se van extendiendo como una mancha de aceite.

b. La violencia nació en el siglo xx. Los medios de comunicación muestran cada día muchísimos ejemplos de agresiones de todo tipo que producen una angustia constante, tanto en los lectores como en los oyentes.

c. Si escuchamos los discursos y leemos las noticias de actualidad, la violencia y el miedo están presentes en todas partes. Esta situación ha sido engendrada por la sociedad de consumo que crea un sentimiento de frustración en los jóvenes.

3. "Sumando las agresiones a mano armada, los actos de terrorismo y los robos de carteras, seguramente podríamos sostener que la violencia ha aumentado desde hace 10 o 25 años. Pero si consideramos un período más largo –un siglo o más–, observamos que la violencia ha disminuido. Las calles de París, tanto de día como de noche, son mucho más seguras que a principios de siglo. En la ruta, los accidentes son más temibles que el encuentro con bandidos."

a. Al comparar los peligros que amenazaban al hombre del siglo pasado y los que amenazan al hombre de hoy, observamos que el peligro ha disminuido. Las calles y las rutas son hoy más seguras pues están mejor vigiladas, tanto de día como de noche.

b. Es verdad que las agresiones a mano armada, los actos de terrorismo y los robos de carteras son hoy más numerosos que hace 10 o 25 años. Pero, en comparación con el siglo pasado, la violencia ha disminuido en las grandes ciudades, cuyos habitantes se atreven a salir de noche. Las rutas, en cambio, a menudo son escenario de accidentes debidos a un tránsito cada vez más denso.

c. Si sumamos las agresiones diversas y los actos de terrorismo, es cierto que la violencia ha aumentado desde hace 10 o 25 años. Pero si examinamos lo que ocurría en el siglo pasado, vemos que la violencia está disminuyendo. Las calles de París son más seguras, tanto de día

71

como de noche; los automovilistas temen más a los accidentes que a los bandidos.

Objetivo: desarrollar la capacidad de escucha.

Ejercicio 1
Luego de una clase, reformule las ideas esenciales abordadas por el profesor, evocando su voz, sus entonaciones.

Ejercicio 2
En un lugar de su elección, distinga los distintos sonidos. Por ejemplo, en el campo, aísle uno tras otro los siguientes sonidos: el canto de los pájaros, los ladridos, los automóviles; más lejos, en la ruta: las máquinas agrícolas, el viento en los árboles...

Repita este ejercicio en diferentes lugares. En cada ocasión, escuche durante algunos instantes una categoría de ruidos, haciendo abstracción de los demás.

Ejercicio 3
Escuche un disco tratando de disociar los diferentes instrumentos, la letra, el estribillo.

Tercera serie
Objetivo: tomar notas durante la clase.

Ejercicio 1
He aquí la transcripción completa de una clase grabada. El texto se presenta en un solo bloque, sin párrafos.
1. Marque con un resaltador o anote las palabras que le parezcan indispensables para recuperar el contenido más tarde.

2. Divida el texto en partes, identificándolas con dos trazos, y en párrafos, identificándolos con un trazo (o anote las palabras situadas en los extremos del texto).
3. Marque con un resaltador o anote las palabras o expresiones que le permitieron efectuar esta división.
4. Atribuya títulos a las partes y subtítulos a los párrafos.
5. Señale con un asterisco las redundancias y las formulaciones sintéticas que son frecuentes en la forma oral.
6. Tome notas de la manera que prefiera.

Como les dije la semana pasada, hoy abordaremos un tema importante, el tema de la lectura. La lectura es una actividad que se encuentra en el corazón del estudio, en el corazón de todo trabajo intelectual. Primero estudiaremos el proceso de lectura, es decir, estudiar cómo el lector construye sentido a partir de signos gráficos. Veremos luego la función de los dos cerebros en la tarea de leer. En tercer lugar, pasaremos a las aplicaciones prácticas: ¿qué pueden hacer para aumentar su potencial de lectura? Entonces, primer punto: ¿cómo leemos? Una vez superada la etapa de los primeros aprendizajes, leemos la mayoría de los textos sin descomponerlos ni analizarlos. Para comprender lo que sucede, lean esta frase: "Los indios se acercaban profiriendo sus gritos de guerra, el vaquero sacó entonces su...". Como ven, falta la última palabra, pero seguramente ustedes completaron la frase sin dudar. ¿En qué palabras pensaron? Claro, "Colt, pistola, revólver". ¿Qué los llevó en esa dirección? En primer lugar, el sentido, el contexto: lo que precede los preparó a esperar las palabras anteriores y no "pañuelo" o "billetera". Además, el adjetivo posesivo los llevó a dejar de lado algunas categorías de palabras, como verbos o adverbios. En efecto, el lector espera que el escrito se presente según una estructura del tipo: después de un sujeto, un verbo; después de un artículo, un sustantivo o un adjetivo, etcétera. El orden de las palabras en una frase constituye también una preciosa ayuda para elaborar el sentido. En una lectura normal, sin puntos suspensivos, interviene otro indicio: antes de haber visto la palabra, ya percibieron su silueta: se trata de una palabra corta o de una palabra que tiene muchas letras que sobrepasan el renglón hacia arriba. Todos estos indicios, indicios de sentido, sintácticos, organizativos, perceptivos, les permiten prever lo que viene. Los conducen a hacer una elección muy rápida, no consciente, que la lectura, en la mayor parte de los casos, confirma. El lector experimentado elabora un proceso en tres pasos. En el primer paso, a partir del título y la diagramación, emite sus primeras hipótesis sobre el contenido del texto. Ya antes de leer, está preparado para encontrar tal o cual palabra y efectúa así una selección entre una multitud de términos posibles. A medida que avanza en el texto o en la frase, las probabilidades se restringen. En el segundo paso, el lector verifica su hipótesis con la lectura. Si tiene experiencia y toma en cuenta todos los indicios de los que dispone, se adelanta a las palabras y se contenta con sobrevolarlas; no precisa quedarse en ellas; así, la lectura se ve facilitada. En el tercer paso, el lector verifica sus hipótesis y su lectura basándose en el sentido. Para validar una palabra necesita, por un lado, que la palabra convenga dentro de la frase; por otro lado, que no se oponga a los conocimientos del lector. Así, la frase: "Un conejo de plumas brillantes atravesó el patio de la granja" es incompatible con lo que sabemos de este animal y no podrá aceptarse. Leer, entonces, no consiste sólo en identificar y asociar letras, significa hacer intervenir sus conocimientos. Se produce un movimiento constante, un ir y venir entre el escrito y el lector, entre las informaciones visuales y no visuales. Sin embargo, según su perfil cerebral dominante, el lector da prioridad a uno de estos dos tipos de información. Esto nos lleva al segundo punto: ¿qué parte corresponde al cerebro izquierdo y cuál al cerebro derecho en la lectura? El cerebro izquierdo decodifica las palabras, analiza de manera muy puntillosa lo escrito. El cerebro derecho, en cambio, elabora hipótesis, ve el conjunto, las estructuras, pero no los detalles. El lector que utiliza en particular el cerebro izquierdo, se apoya sobre todo en indicios visuales, lee una palabra primero y la otra después, y no relaciona en absoluto lo que sabe con lo que ve. Esta manera de proceder puede estancarlo, limitarlo como si mirara dentro de un túnel: su lectura no es eficaz. Por su parte, el lector cerebro derecho establece hipótesis a partir de un número limitado de indicios visuales, anticipa pero no verifica. Lee como siguiendo un radar, confunde a veces una palabra con otra: su lectura es poco confiable. De hecho, un lector sólo puede ser eficaz si utiliza el cerebro izquierdo y el derecho conjuntamente; combina así lo que sabe y lo que ve, moviliza estrategias visuales e intelectuales. En otras palabras, el lector cerebro izquierdo utiliza una estrategia ascendente (del texto al lector) y el lector cerebro derecho, una estrategia descendente (del lector al texto); el lector doble cerebro usa una estrategia interactiva (del texto al lector, del lector al texto). Leer mejor es pre-ver mejor (en dos palabras) y ver mejor. Para ello, es necesario ejercer sus capacidades intelectuales: anticipación, formulación de hipótesis, y sus capacidades perceptivas: visión precisa, panorámica, ágil. ¿Cómo? Es lo que vamos a ver ahora...

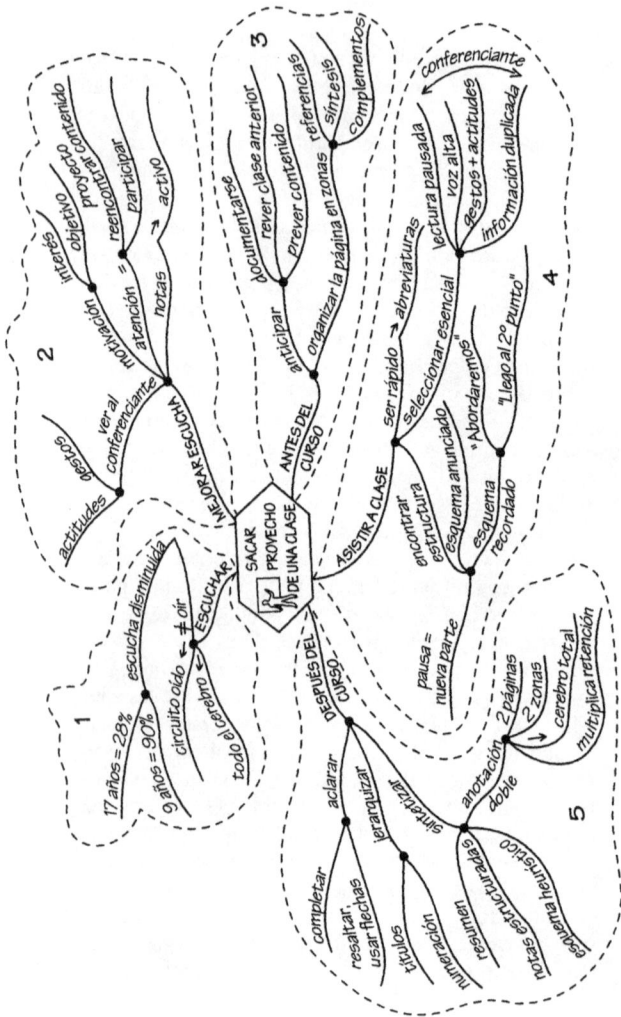

Mapa mental: **SACAR PROVECHO DE UNA CLASE**

1 — ESCUCHAR
- todo el cerebro
- circuito oído ≠ oír
- escucha disminuida
  - 17 años = 28%
  - 9 años = 90%

2 — MEJORAR ESCUCHA
- actitudes
- gestos
- ver al conferenciante
- motivación
  - interés
  - objetivo
    - proyecto contenido
  - reencontrar
  - participar → activo
- atención
- notas

3 — ANTES DEL CURSO
- documentarse
  - rever clase anterior
  - prever contenido
  - referencias
  - síntesis
  - complementos
- anticipar
- organizar la página en zonas

4 — ASISTIR A CLASE
- ser rápido → abreviaturas
- seleccionar esencial
- lectura pausada
- voz alta
- gestos + actitudes
- información duplicada
- conferenciante
- encontrar estructura
- esquema anunciado
- esquema recordado
  - "Abordaremos"
  - "Llego al 2° punto"
- pausa = nueva parte

5 — DESPUÉS DEL CURSO
- aclarar
  - completar
  - resaltar, usar flechas
- jerarquizar
  - títulos
  - numeración
- sintetizar
  - resumen
  - notas estructuradas
  - esquema estructurado
  - esquema heurístico
- anotación doble
  - 2 páginas
  - 2 zonas → cerebro total
  - multiplica retención

4. Organizar el trabajo

Ahora que quedaron al descubierto las leyes que rigen la memoria y ustedes tomaron conciencia de sus posibilidades: ya están en condiciones de *efectuar un programa de acción*. Este capítulo otorga algunas indicaciones complementarias para ayudarlos a trabajar de manera más eficaz; también les enseñaremos técnicas de respiración y de relajación para no dejarse invadir por el cansancio.

Como hemos señalado, la organización es importante, dado que proporciona puntos de referencia al cerebro límbico, enemigo de lo desconocido. Recuerden que la función de la organización es guiarlos, no encerrarlos dentro de un esquema rígido. Se trata de ir señalando el camino para que sepan siempre en dónde están situados; así, llegado el caso, podrán decidir alguna salida –por ejemplo, ir al cine– sintiéndose libres, pues sabrán que el golpe infligido al programa que se fijaron no tiene consecuencias graves. En caso contrario, las situaciones inesperadas, las distracciones imprevistas dejan un sabor amargo: agobiados por una tarea cuya amplitud no habían evaluado, se sentirán inquietos, culpables y desorientados. Terminarán tomando una hormiga por un elefante; definir objetivos, en cambio, da tranquilidad y confianza.

1. Previsión anual o semestral

Cuando dispongan de los elementos necesarios, organicen su tiempo estableciendo un cronograma anual o semestral, de acuerdo con el período de exámenes.

– Determinar el *volumen de trabajo materia por materia*. Al final de la segunda clase ya estarán en condiciones de evaluar el tiempo que dedicarán a cada disciplina: tiempo para pasar las notas en limpio, ejercicios que deben hacer, trabajos (fichas de lectura, monografía, ponencia…).

– Determinar su *capacidad de asimilación* para las diferentes materias (véase p. 29).

– Determinar el *tiempo* del que disponen para trabajar en sus casas (x horas durante x semanas), sin contar las actividades deportivas y el esparcimiento.

– Prever el tiempo de *reactivación*.

– Tener en cuenta el *nivel de exigencia* de las materias. Sean estrategas: reserven sus fuerzas para las materias que exigirán más trabajo.

– Prever *"respiros"* por si ocurre algo imprevisto (clases a las que no pudieron asistir, enfermedad, dificultades personales…).

– Distribuir el trabajo en *varias etapas con una fecha de ejecución* para cada una de ellas. De esta manera, dividen la dificultad y mantienen la motivación intacta para registrar regularmente los pequeños triunfos. La ejecución final les parecerá menos lejana y más abordable.

2. Previsión semanal

La semana es la unidad más práctica para organizar el trabajo. Cada lunes, analicen la situación: verifiquen su progresión y modifiquen su organigrama si fuera necesario. Además, algunas semanas se presentan más cargadas que otras, en particular, si los trabajos prácticos tienen lugar cada quince días. En función de estos acontecimientos, modificarán sus horarios de estudio.

3. Programa de un día sin clase

Estos días de libertad pueden tener lugar regularmente; también puede tratarse de los días anteriores al período de exámenes.

¿Existen momentos que sean más propicios que otros para estudiar? Se suele decir que sólo se trabaja bien de mañana, pero no hay una regla estricta con respecto a esto. Ustedes deben encontrar el momento que les convenga más siguiendo el propio *ritmo natural.* Dicho momento deberá reservarse para las actividades más exigentes. Si habitualmente se levantan temprano, la mañana será para ustedes el momento más favorable; si suelen acostarse tarde, sus células cerebrales funcionan mejor al final del día.

Aparte de las preferencias propias de cada individuo, existe sin embargo una *ley biológica.* Investigaciones llevadas a cabo en Suecia y Alemania muestran que los logros intelectuales son óptimos hasta el mediodía; declinan luego, hasta las 15 o 16 horas; luego ascienden nuevamente, para llegar a su punto máximo entre las 17 horas y las 21 o 22 horas. Estas fluctuaciones de rendimiento serían independientes de la alimentación y del ritmo de trabajo. Es preferible, entonces, utilizar las horas de bajo rendimiento para las actividades que no exigen una concentración mental importante: ordenar, pasar notas en limpio, releer trabajos.

3.1. Cuánto tiempo estudiar

Cualquiera sea la actividad que emprendan, eviten estudiar sin detenerse. Prevean pausas para descansar; estos momentos de distensión son indispensables para evitar la acumulación de la tensión nerviosa.

Sin embargo, la cantidad de tiempo diario que deben dedicar al estudio *se relaciona con la naturaleza de la tarea*. La comprensión puede mantenerse en un nivel alto durante más tiempo que la memorización (véase p. 44). Así, cuando leen o toman notas para elaborar un documento personal (informe, exposición), pueden prolongar la actividad durante dos horas seguidas si no se sienten cansados; pero no vayan más allá de sus posibilidades, pues el trabajo resultará infructuoso.

En cambio, si están estudiando, no traspongan el umbral más allá del cual la memorización disminuye inexorablemente. Este umbral se sitúa entre 40 y 50 minutos, según la materia de la que se trate. Por eso, dividan su tiempo de estudio en períodos de trabajo que duren entre 40 y 45, luego de los cuales harán una pausa que durará de 5 a 10 minutos. Después de las comidas –especialmente después del almuerzo– el rendimiento nunca es excelente; hagan entonces una pausa más larga, entre 60 y 90 minutos.

Las fases de trabajo y las fases de reposo deben distinguirse claramente. Las situaciones intermedias –trabajo a medias, descanso a medias– son desalentadoras. Para que el corte sea efectivo, no permanezcan sentados en el escritorio; ofrézcanse un descanso corto pero real.

3.2. Alternancia de materias y de actividades

Practicar la alternancia es una manera de evitar la monotonía y la impresión de repetición que desemboca en el desinterés. Comiencen por la disciplina que les resulta más difícil; así sacarán provecho de los momentos en los que están bien dispuestos para vencer los obstáculos. Además, se verán liberados de lo que menos les gusta...

No sólo hay que alternar las materias sino también el tipo de actividades: memorizar, tomar notas, elaborar un trabajo a largo plazo. De esta manera permitirán que el cerebro estructure y decante la información; la tarea se verá facilitada.

81

4. Un problema espinoso: ponerse a trabajar

Para muchas personas, lo más penoso es ponerse a estudiar. Tal vez hayan vivido la escena siguiente: se despiertan, llenos de buenas intenciones. En el preciso momento en que van a sentarse a estudiar, recuerdan que tenían que llamar por teléfono a un amigo. Después de la llamada, más larga de lo previsto, hojean la revista con los programas de la televisión. Ven el título de la película que vieron no hace mucho en el cine y recuerdan las escenas más importantes. Vuelven a la mesa pero la concentración se escapa. Para darse ánimo, se preparan un café con tostadas… La mañana se está yendo, no avanzaron casi nada, pero, curiosa sensación, se sienten agotados.

Este engranaje, bien conocido, debe evitarse a todo precio, porque, tarde o temprano, los llevará a abandonar los estudios. No hay nada más desalentador que repetirse: "tengo que trabajar", postergando el momento para después. El trabajo no hecho cansa más que el trabajo hecho, y, también, envenena la vida. Además, cuanto más esperan, más se acumulan las tareas y más fastidiosas y difíciles parecen. Entonces, cuando se acerca el plazo, queda una sola solución: encerrarse durante días enteros para tratar de aprender todo el programa. Esta manera de proceder disminuye considerablemente el alcance del estudio.

Existen procedimientos simples (ya abordamos algunos en el capítulo 2) que pueden ayudarlos a superar esta dificultad.

– *Determinar el tiempo* que van a dedicarle al trabajo. No lo superen: esto los pondrá más tranquilos.

– *Controlar el tiempo.* Hemos visto que cuanto más
tiempo tenemos, más se alarga la actividad; en cambio,
un tiempo limitado se utiliza mejor.

– *Preparar los útiles* antes de sentarse. Si luego de cinco minutos de trabajo deben levantarse para buscar un
cartucho de tinta, perderán el hilo.

– *Prever estimulantes externos,* por ejemplo: "Cuando
termine tal parte, voy a llamar por teléfono a…, voy a
escuchar tal disco…". Es estimulante determinar las distracciones para después de trabajar; puede parecerles
muy simplista, pero resulta eficaz.

5. Aprovechar los momentos libres

Si bien es inútil emprender un trabajo importante si sólo disponemos de cinco minutos, no significa que este
tiempo sea inutilizable. Pueden aprovechar este momento para *clasificar* notas, para *efectuar algunas revisiones
rápidas,* para *estudiar vocabulario* del idioma extranjero
que están aprendiendo…

La espera entre dos materias, el tiempo transcurrido
en los medios de transporte representan varias horas por
semana. No las pierdan. Revisen sus apuntes, revivan
mentalmente una clase: ¿Cuál era el tema? ¿Cuáles son
los puntos importantes? ¿Hubo algo que no quedó cla-

ro? Este ejercicio puede hacerse en todas partes. Les permitirá saber si captaron lo esencial e identificar las lagunas. Así, cuando se sienten a estudiar, sabrán qué es aquello que deben verificar o completar.

6. *El trabajo grupal*

En el sistema escolar francés, el trabajo es esencialmente individual. Salvo excepciones, no se practica el trabajo grupal. Sin embargo, este tipo de trabajo presenta numerosas ventajas.

— Permite *un enriquecimiento recíproco*, pues cada uno comunica su punto fuerte a los demás.

— *Alienta* y resulta una preciosa ayuda en los momentos sin motivación.

— *Estimula:* contactos e intercambios activan las neuronas.

— Es una manera de *controlar la propia comprensión.* Poder explicar a otro prueba que los conocimientos fueron realmente asimilados.

— Permite una *distribución de las tareas* útil para ganar tiempo.

— *Prepara para los exámenes orales,* pues entrena para tomar la palabra y formular sus ideas claramente.

— Permite una *confrontación de métodos de trabajo* y la adopción de nuevas maneras de estudiar. Los cerebros izquierdos descubrirán a los cerebros derechos y viceversa. Señalemos que los cerebros derechos —en particular si su sistema límbico está desarrollado— trabajan muy a gusto dentro de un grupo.

– Constituye una *puerta abierta a la vida profesional*, pues el éxito de una empresa o de una sociedad es, por lo general, fruto de un trabajo en común y no la suma de trabajos individuales.

Sin embargo, es importante saber que si bien el trabajo en equipo se complementa armoniosamente con el trabajo individual, en ningún caso puede reemplazarlo. Sólo es provechoso cuando cada uno participa activamente y no se contenta con dejarse llevar por el grupo. Para ello, todo trabajo grupal debe ser precedido por una reflexión personal que permita preparar los puntos que van a tratarse durante la reunión. Esta reflexión personal también puede efectuarse después de haber trabajado en equipo; así podrán apropiarse de los temas abordados con los demás.

7. Sentirse bien

7.1. Actividades extrauniversitarias

El trabajo intelectual precisa actividades deportivas, culturales y sociales. Estudiar sin parar desde el lunes hasta el domingo por la noche no es eficaz. Distráiganse, hagan otra actividad, por lo menos una vez por semana; es una garantía de equilibrio físico, psíquico, y también una garantía de trabajo eficaz.

7.2. Función de la respiración

El secreto fisiológico de una buena actividad mental reside en la respiración. El cerebro precisa oxígeno. La memoria de los mineros de extracción, privada de aire puro, disminuye considerablemente. Consumimos 4 kilos de oxígeno por día, y de estos 4 kilos, el cerebro consume el 20%.

Pero, en general, no sabemos respirar, sólo llenamos y vaciamos una parte de los pulmones. La respiración profunda permite la entrada de una mayor cantidad de aire: de esta manera, el organismo dispone de un aporte suplementario de oxígeno. El oxígeno ayuda a evacuar las toxinas y, al irrigar el cerebro, aumenta la capacidad de atención y la capacidad de concentracion; también nos vuelve más resistentes al cansancio. Además, contribuye a controlar las emociones y a combatir la ansiedad en el momento de un examen, pues regulariza los latidos del corazón.

7.3. Función de la relajación

La relajación es también una técnica esencial para recuperar fuerzas y alejar las tensiones acumuladas. La próxima ejercitación los ayudará a practicar tanto la respiración profunda como la relajación.

Quiero precisar por qué no trato el tema de la alimentación. Es obvio que tener una alimentación equilibrada es primordial. Pero conociendo las condiciones de vida de la mayoría de los estudiantes, no puedo permitirme dedicar cinco páginas de este libro para recomendarles que ingieran 100 gramos de tal alimento, 150 gramos de tal otro, tomando previamente 4 pastillitas de una milagrosa preparación (milagrosa para el que la vende...). Las recetas mágicas no existen, o, por lo menos, los restaurantes universitarios y la cocina familiar las desconocen. Sólo les doy un consejo: varíen las comidas, no olviden la fruta, el queso, el pescado. Nunca es complicado comer una manzana, un pedazo de queso o beber un vaso de leche.

Ejercitación

Ejercicio 1
Objetivo: construir un organigrama.

No espere hasta el año que viene. Programe el tiempo que le queda hasta el próximo examen; haga una programación semanal de sus actividades. Utilice colores diferentes para cada una de estas actividades.

Ejercicio 2
Objetivo: aprender a practicar la respiración profunda.

Es preferible hacer este ejercicio de pie; posee tres pasos.
– Primer paso: inspire por las aletas de la nariz de manera calma, continua y regular, durante ocho segundos.

– Segundo paso: retenga el aire durante dos segundos.
– Tercer paso: exhale lentamente durante ocho segundos, vaciando totalmente los pulmones.

Espere algunos instantes y luego vuelva a empezar. Con un poco de práctica, podrá alargar cada uno de los pasos. Este ejercicio debe practicarse regularmente por la mañana, al menos una vez por día. Ventile la habitación o deje la ventana abierta si la temperatura exterior lo permite. Podrá practicar esta respiración cuando siente que su atención disminuye o en caso de estrés; además, puede practicarla en todos los sitios, incluso durante un examen o en una sala de espera...

Ejercicio 3
Objetivo: aprender a relajarse.

Acuéstese boca arriba en una habitación tranquila; si esto no fuera posible, una música suave contribuirá a atenuar los ruidos exteriores. Aflójese totalmente. Para ello, comience por el rostro: relaje los músculos de la mandíbula, cierre los ojos sin crispación, uniendo simplemente los párpados. Vaya luego a los brazos y a las piernas: deben descansar sobre la cama o sobre el suelo como si fueran un peso muerto. Cada parte del cuerpo tiene que estar relajada. Debe sentirse como si fuera un gato, estirado perezosamente.

Una vez que tomó conciencia de lo que representa el estado de relajación, contrólese en diferentes momentos del día. Si tiene los dientes apretados o los hombros tensos, respire y suelte la tensión. Poco a poco, logrará estar más relajado, se sentirá mejor dentro de su cuerpo y de su mente.

Es posible practicar la técnica del *aislamiento psíquico* junto con la técnica de relajación. Este procedimiento consiste en lograr el vacío de la mente. En cuanto siente que viene una idea, ahuyéntela hasta lograr un estado vago, en el cual únicamente es consciente de su propia existencia.

Tal vez algunas veces le asombró la resistencia al cansancio que tienen ciertas personas: después de haber pasado una noche sin dormir, son capaces de ponerse a trabajar. En realidad, estas personas se recuperan muy rápido porque saben aprovechar el mínimo instante para relajarse y protegerse del mundo exterior. En ciertas ocasiones, lograr veinte minutos de aislamiento puede reemplazar dormir durante toda la noche. Pero no practique demasiado a menudo este tipo de experiencia: a la larga, el organismo puede perjudicarse.

ESQUEMA: *Organizar el trabajo*

5. Enfrentar un examen

El día anterior al examen, preparen cuidadosamente lo que van a necesitar:

- documento de identidad o libreta universitaria;
- dos lapiceras (por si una deja de funcionar), cartuchos, líquido corrector, un bolígrafo, resaltadores fluorescentes de diferentes colores (para destacar las ideas en el borrador), una regla, etcétera.

No se acuesten mucho más temprano argumentando que quieren estar descansados al día siguiente porque les costará conciliar el sueño.

Llegado el día, no salgan con el estómago vacío: corren el riesgo de agregar una hipoglucemia al estrés. Es cierto que por lo general no se recomienda el consumo de golosinas, pero excepcionalmente lleven alimentos ricos en glucosa: caramelos o, simplemente, trozos de azúcar. Ingiéranlos en cuanto sientan disminuir el rendimiento: recuperarán enseguida la energía perdida porque el azúcar se asimila rápidamente.

Salgan de sus casas con el tiempo suficiente como para evitar la precipitación, pero no lleguen demasiado temprano: una espera demasiado larga provoca ansiedad. Aléjense de los inquietos porque pueden transmitirles su miedo.

Habiendo señalado estas precauciones, abordaremos ahora el examen en sí. Antes de la redacción, tres operaciones son indispensables: distribuir el tiempo, analizar el tema y movilizar los propios conocimientos. Este capítulo está dedicado a eso.

1. Distribuir el tiempo

Para la preparación del examen, deben contar un poco menos de la mitad de la duración total del mismo (45%):
– 10% para analizar el tema;
– 20% para movilizar los conocimientos;
– 15% para determinar la estructura de la presentación y para destacar las ideas anotadas en borrador numerándolas y resaltándolas con diferentes colores.
Si deben elegir entre varios temas, decídanlo en diez minutos como máximo. La *redacción* del texto les llevará el 55% del tiempo que les queda:
– 30% para el desarrollo;
– 10% para la introducción;
– 10% para la conclusión;
– 5% para la relectura (no descuidar esta etapa).
Para estar seguros de respetar los tiempos y no dejar incompleta tal o cual parte del examen, anótense el tiempo que previeron para cada etapa. Échenle un vistazo de vez en cuando.

2. Analizar el tema

Estadísticamente, los alumnos que reprueban exámenes comprendieron mal o leyeron mal el tema que debían desarrollar. Muchas veces, esta dificultad se debe al estrés, que los lleva a precipitarse ante el primer indicio y a interpretar el enunciado de manera demasiado apresurada. El estudiante emprende así un camino equivocado. ¿Cómo hacer para analizar el tema correctamente y no apartarse del mismo?

2.1. Leer, volver a formular, comparar

En primer lugar, imprégnense del tema leyéndolo varias veces sin subrayar, ni marcar, ni escribir nada. Luego, apártenlo de sus ojos y vuelvan a formularlo en su propio lenguaje. Háganse las preguntas siguientes: ¿De qué se trata? ¿Qué me piden? Vuelvan otra vez al tema y comparen. En este momento, ya pueden detectar las palabras clave.

Si conocen al profesor que redactó el tema del examen, piensen en las recomendaciones que hizo durante el año, recuerden sus expectativas.

Si el examen consiste en un ejercicio, nada más peligroso que encontrarse con uno que creen haber hecho, ya sea en los trabajos prácticos, en una tarea o en un libro que contiene los ejercicios y sus soluciones. Muy a menudo existen matices, incluso diferencias importantes entre dos ejercicios; el error de apreciación es aún más frecuente aquí que en el caso de ejercicios totalmente nuevos.

2.2. Analizar el tema utilizando el método T.L.P.D.

Un método infalible para tratar el tema que se les pide sin equivocarse consiste en enfocar el enunciado como si quisieran obtener sucesivamente cuatro primeros planos del mismo.

Imaginen el siguiente enunciado: "Debata la afirmación siguiente: una información científica sólo tiene cabida como noticia de actualidad" (DEUG[1] de Cultura y Comunicación).

• *Primer plano del Tema (T)*
Se trata de determinar el ámbito de conocimientos, el campo en el cual se sitúa el tema. Aquí los sustantivos son muy importantes. En el enunciado que di como ejemplo, el tema es la *información*. El tema puede ser doble; en ese caso, a menudo conduce a una comparación (ejemplo: "cine y televisión"). Más adelante vere-

---

[1] Consigna de examen tomada del *Diplôme d'études universitaires générales* (Diploma de estudios universitarios generales). Salvo otra indicación, todas las consignas utilizadas de aquí en más, a modo de ejemplo o ejercitación, tienen el mismo origen.

mos el tipo de precauciones que deben tomarse con este tipo de temas.

• *Primer plano de los Límites (L)*
Los límites pueden ser de orden
   – temporal ("a principios del siglo XX"),
   – espacial ("en mi país"),
   – categorial o sectorial ("en la juventud").
Ejemplo: "Describa la situación del campesinado ruso en el siglo XVIII" (DEUG de Lenguas y Civilizaciones Extranjeras). Este tema contiene tres límites. Se trata de enfocar a los *campesinos* –y no a otras categorías de la población–, en *Rusia*, en el *siglo XVIII*.

En el ejemplo que dimos primero, los límites son: por un lado, la información *científica* –no se trata de información literaria ni de información de hechos– y, por el otro lado, *como noticia de actualidad*. No deben desarrollar el problema de la información en general (difusión, objetividad…) sino centrarse en la información científica y sus relaciones con la actualidad.

• *Primer plano de la Problemática (P)*
La problemática es aquello que da vida al tema, aquello que lo anima. Establece relaciones de causa y efecto, considera los diferentes puntos de vista, las particularidades, las soluciones… La mejor manera de encontrar la problemática de un tema es hacerle preguntas. Por ejemplo, ¿cuál es la especificidad de la información científi-

ca? ¿Por qué sólo tiene cabida como noticia de actualidad? ¿Todos los medios tratan la información científica
de la misma manera?

A veces, la problemática está presente en el enunciado. En ese caso, forma parte de los límites. Por ejemplo:
"Describir las causas del crecimiento económico mun-
dial entre 1950 y 1973" (DEUG de Ciencias Económicas); deben analizar las causas, no las consecuencias ni
las soluciones.

• *Primer plano de la Directiva (o las Directivas) (D)*
La directiva o consigna es la función que ustedes deben
cumplir. A menudo se expresa con un verbo en infiniti-
vo o en imperativo: describa, explique, comente...

La directiva es esencial para no equivocarse de tema. Es igualmente valiosa pues, a menudo, puede in-
dicarnos el esquema que debemos adoptar para construir la tarea.

En el ejemplo propuesto, la consigna es "debata":
deben evaluar las razones a favor y las razones en contra de la afirmación y, luego, dar su propia opinión.

Tema (T)	Límites (L)	Problemática (P)	Directiva(s) (D)
La información	Científica De actualidad	¿Qué especificidad? ¿Por qué? ¿Para quién?...	Debata

Casos particulares

"Inflación y desempleo" (DEUG de Administración Económica y Social): este tema no tiene límites, ni problemática ni directiva. Para tal caso, existen las convenciones siguientes:

- tratar el tema en la actualidad, y no su situación en 1939;
- relacionar ambos conceptos (eviten construir una estructura del tipo: primera parte, inflación; segunda parte, desempleo);
- efectuar un análisis, más que un comentario personal.

2.3. Los verbos que indican la directiva

Estos verbos, relativamente poco numerosos, determinan la manera en que deben tratar el tema. Examinemos qué se esconde detrás de cada uno de ellos.

Apreciar: deben expresar el valor que dan al juicio o a la afirmación que propone el enunciado; para ello tienen que analizar y luego estudiar tanto los aspectos verídicos y positivos como los aspectos cuestionables o sin fundamento. Aquí, la explicación es más importante que el debate.

Caracterizar: deben resaltar los rasgos distintivos o dominantes.

Comentar: deben explicar la cita, la proposición, el pensamiento; dar ejemplos que invaliden o confirmen.

Tal vez se les pida su posición personal pero, también en este caso, analizar es más importante que debatir.

Comparar: se trata de efectuar una aproximación entre dos conceptos para poner en evidencia semejanzas o diferencias.

Criticar: no sólo pueden, sino que deben tomar posición, marcar lo verdadero, lo falso, los aspectos positivos, los aspectos negativos.

Debatir: esta directiva se acerca mucho a *criticar.* Deben analizar un asunto o una opinión y encontrar los argumentos a favor y en contra, señalar sus ventajas e inconvenientes; deben tomar partido, plantear una tesis y una antítesis.

Definir: aparece raramente en los exámenes literarios pero es muy frecuente en los exámenes científicos. Esta directiva exige determinar a qué categoría pertenece el concepto; deben precisar su contenido y dar sus características esenciales.

Demostrar: deben llegar a una conclusión o establecer una tesis con razonamientos y hechos rigurosamente encadenados.

Describir: deben enumerar características.

Estudiar: el acento está puesto en el análisis. Si el tema está expuesto de manera global, por ejemplo, "el tabaquismo", "la desertización del campo", deberán abordar el tema de la manera siguiente:

– exponer los hechos, la situación, para destacar el problema;

– examinar las causas e, incluso, las consecuencias;
– considerar las soluciones, sin tomar partido.

Evaluar: se asemeja al verbo "apreciar".

Explicar: este verbo indica que deben analizar, estudiar una fórmula, un juicio... El debate es secundario.

Exponer: como en la directiva "estudiar", deben presentar el conjunto del tema manteniendo una posición neutral.

Ilustrar: deben dar ejemplos significativos para aclarar el sentido de una cita, de una tesis...

Temas con forma de pregunta: ¿Qué piensa de...?, ¿Qué reflexiones le sugiere?..., etcétera. Estas interrogaciones indican que deben dar su propia opinión.

Así, entre la descripción pura que implican los verbos "definir" y "exponer" y la toma de posición implícita en el verbo "criticar" o "debatir", el grado de implicación personal varía considerablemente. Es bueno tenerlo en cuenta...

3. Movilizar los conocimientos

Una facultad esencial en un examen pero también en múltiples situaciones consiste en saber movilizar sus ideas, sus conocimientos. El cerebro almacena muchas más informaciones de las que puede creerse. Sólo hay que encontrarlas: esto se aprende (o debería aprenderse) durante la escolaridad. Para "cazar ideas" existen dos

99

procedimientos en los que se moviliza tanto el cerebro derecho como el cerebro izquierdo.

3.1. El procedimiento analógico

Al principio debe actuar el cerebro derecho. Es bueno anotar el tema en el centro de la hoja borrador y dejar que las ideas surjan espontáneamente, sin preocuparse por el orden; pueden anotarse brevemente como palabras clave. Esta presentación, que se asemeja al esquema heurístico, favorece las asociaciones: también la memoria funciona según el principio de asociación.

En este estadio, no se pongan límites, aunque crean que una idea está lejos del tema, tómenla en cuenta pues puede desembocar en otra...

Si en un principio consideran que dos ideas presentan semejanzas, agrúpenlas en una misma parte de la hoja o dibujen flechas para indicar que están relacionadas. Busquen las evocaciones mentales, visuales o auditivas: representan una fuente inagotable de ideas. Abandonen el marco escolar, evoquen su propia experiencia, la de otras personas, piensen en la actualidad, vayan a los recuerdos relacionados con lecturas, viajes, charlas...

Si se tratara de un tema de clase, visualicen las notas, el esquema que realizaron. Repítanse mentalmente las grandes partes.

Cuando sientan que ya está todo puesto sobre la hoja, vuelvan a leer el tema y lean en voz baja las ideas que anotaron.

Si la ansiedad los inhibe, practiquen dos o tres respiraciones profundas (véase p. 86) para relajarse y soltar tensiones. Este ejercicio, al irrigar el cerebro, hará que aparezcan nuevas ideas y los volverá más alertas.

3.2. El procedimiento lógico

El cerebro derecho funcionó intuyendo y asociando; el cerebro izquierdo procederá de manera racional y organizada. Para ello, deberán explorar todas las pistas posibles, como si quisieran encontrar un objeto que se les ha extraviado y van abriendo un cajón tras otro. He aquí un inventario de estas pistas; ustedes conservarán aquellas que convienen al tema que van a tratar.

Pista definición: simple pero indispensable...

Pista cometidos y funciones.

Pista comparaciones y oposiciones.

Pista ventajas e inconvenientes.

Pista interdisciplinaria: piensen en todos los aspectos bajo los cuales el tema puede abordarse: aspecto histórico, psicológico, económico, geográfico, estético, jurídico, moral, político, pedagógico, lingüístico, sociológico, técnico, etc.

Pista tipológica: examinen los diferentes tipos, las diferentes categorías, las diferentes formas que puede presentar el tema.

Pista conceptual: estudien el tema teniendo en cuenta los siguientes conceptos dobles:

- corto plazo/largo plazo;
- general/particular;
- público/privado;
- cantidad/calidad;
- implícito/explícito;
- subjetividad/objetividad;
- teoría/práctica;
- tiempo/espacio.

Pista punto de vista: el tema se enfoca ubicándose en el punto de vista del individuo, de la sociedad, de los poderes públicos...

Pista interrogativa: es realmente valiosa:

- ¿quién? (las personas);
- ¿qué? (las cosas);
- ¿dónde? (los lugares);
- ¿cuándo? (las fechas, la época, los períodos);
- ¿cómo? (las maneras, los métodos);
- ¿cuánto? (las medidas, las cantidades);
- ¿por qué? (las causas);
- ¿para qué? (los motivos, los objetivos);
- ¿qué consecuencias? (los efectos, las repercusiones);
- ¿qué soluciones?[2]

---

[2] Algunas de estas preguntas coinciden en parte con elementos que aparecen siguiendo otras pistas. Sin embargo, no son inútiles; permiten constatar que nada quedó en la sombra, y, al mismo tiempo, despiertan nuevas ideas.

Todas estas preguntas pueden combinarse entre ellas y con diferentes preposiciones (con quién, para quién...).

Pista ejemplos: anoten los ejemplos que se les ocurren. Serán muy útiles para desarrollar, sostener y argumentar las ideas.

Los dos procedimientos se complementan mutuamente, pero el primero es más apropiado para trabajos creativos, mientras que el segundo conviene cuando el examen consiste en un control de conocimientos.

Ejercítense en explotarlos en los temas más diversos: el ruido, la felicidad, las sectas, el romanticismo, el humor... Observarán que explorando metódicamente un tema, siempre es posible encontrar ideas. Evitarán así la angustia de la hoja en blanco.

Ejercitación

Ejercicio 1
Objetivo: analizar el enunciado con el método T.L.P.D.

En los siguientes enunciados, destaque:
– el tema o los temas;
– los límites;
– la problemática;
– la directiva o las directivas.

1. ¿Piensa usted que para un periodista es posible ser objetivo?
2. La revolución informática.

3. Explique los orígenes de la crisis de 1929, sus manifestaciones en los Estados Unidos y sus consecuencias.
4. ¿Qué incidencia puede tener la demografía en la economía de los países occidentales dentro de los próximos años?
5. Éxodo rural y urbanización en los países en vías de desarrollo.
6. Los personajes de criados y de sirvientas están presentes en numerosas comedias. Con la ayuda de ejemplos, destaque las características de dichos personajes y la función que cumplen en la obra.
7. Estudie las influencias de la civilización moderna en los fenómenos de inadaptación escolar.
8. Caracterice los principales problemas económicos de los países del Tercer Mundo.
9. Se ha considerado a Jean-Jacques Rousseau como el primer romántico francés. ¿Le parece justa esta opinión?
10. El trabajo de las mujeres en Francia.

Ejercicio 2
Objetivo: encontrar un tema y volver a formularlo.

1. Lea las consignas numeradas (1, 2, 3...) y luego elija, entre las tres oraciones (a, b, c), aquella que le parece más fiel.
2. Analice minuciosamente estos enunciados para detectar, como en el ejercicio anterior, el tema o los temas, los límites, la problemática, la directiva o las directivas.

1. "Compare la ascensión al poder de Hitler y la de Mussolini."
a) Compare la política de Mussolini y la de Hitler.

b) Establezca un paralelo entre el ascenso al poder de Mussolini y el de Hitler.

c) Compare los ascensos del fascismo y del nazismo.

2. "Analice la fuerza de la opinión pública en las decisiones del gobierno."

a) ¿Cree usted que la opinión pública puede influir en las decisiones del gobierno?

b) Estudie la influencia de la opinión pública en las decisiones del gobierno.

c) Analice el impacto de los movimientos sociales en las decisiones del gobierno.

3. "Para el hombre del siglo xx, es más importante aprender a aprender que acumular conocimientos. ¿Qué opinión le merece esta afirmación?"

a) Para el hombre contemporáneo es más importante aprender a aprender que acumular conocimientos. Justifique esta afirmación.

b) La enseñanza debería poner el acento en la adquisición de conocimientos. Dé su opinión.

c) Actualmente es esencial disponer de los medios para aprender y no solamente acumular conocimientos. Dé su opinión.

4. "Estudie las dificultades que encuentran los países capitalistas desarrollados para llevar a cabo sus políticas económicas."

a) Estudie las dificultades que encuentran los países capitalistas para aplicar sus políticas económicas.

b) Estudie la ejecución de las políticas en los países capitalistas desarrollados.

c) Analice las dificultades que encuentran los países capitalistas desarrollados para llevar a cabo sus políticas económicas.

5. "¿Por qué, en su opinión, un escritor escribe?
   a) El papel de la literatura."
   b) ¿Qué cosa, en su opinión, lleva a los escritores a escribir?
   c) En su opinión, ¿el escritor es portador de un mensaje?

```
                        ┌─────────────────────────┐
                        │  ENFRENTAR UN EXAMEN     │
                        └─────────────────────────┘

┌──────────────────────────┐            ┌───────────────────────────┐
│ DISTRIBUIR EL TIEMPO  🕐  │            │  ANALIZAR EL TEMA DEL     │
└──────────────────────────┘            │  ENUNCIADO: T.L.P.D.      │
                                        └───────────────────────────┘
```

	• Elegir el tema	• **Tema**	
45%	• Analizar el tema		
• **Preparación**	• Movilizar los conocimientos	• **Límites**	Temporales / Espaciales / Categoriales...
	• Desarrollo		
55%	• Introducción	• **Problemática**	¿Qué? / ¿Por qué? / ¿Qué consecuencias?
• **Redacción**	• Conclusión		
	Relectura: 10'	• **Directiva**	Descripción / Toma de posición

```
                ┌───────────────────────────────────┐
                │   MOVILIZAR LOS CONOCIMIENTOS     │
                └───────────────────────────────────┘

Procedimiento analógico:  ↗  ↖  Procedimiento lógico:
Cerebro derecho    ◑            Cerebro izquierdo   ◑
        ↓                               ↓
Dejar surgir las ideas          Explorar las pistas:
        ↓                       • Definición
Evocaciones mentales            • Roles/funciones
      ↙    ↘                    • Ventajas/inconvenientes
  Visuales  Auditivas
```

• **Interdisciplinaria** — geográfica / histórica / moral / psicológica / económica

• **Tipológica** — formas / categorías

• **Conceptual** — público/privado / implícito/explícito / corto plazo/largo plazo

• **Punto de vista** — individuo / sociedad / poderes públicos

• **Interrogativa** — ¿quién? / ¿cuándo? / ¿dónde?

• **Ejemplos** — personales / lecturas / medios de comunicación

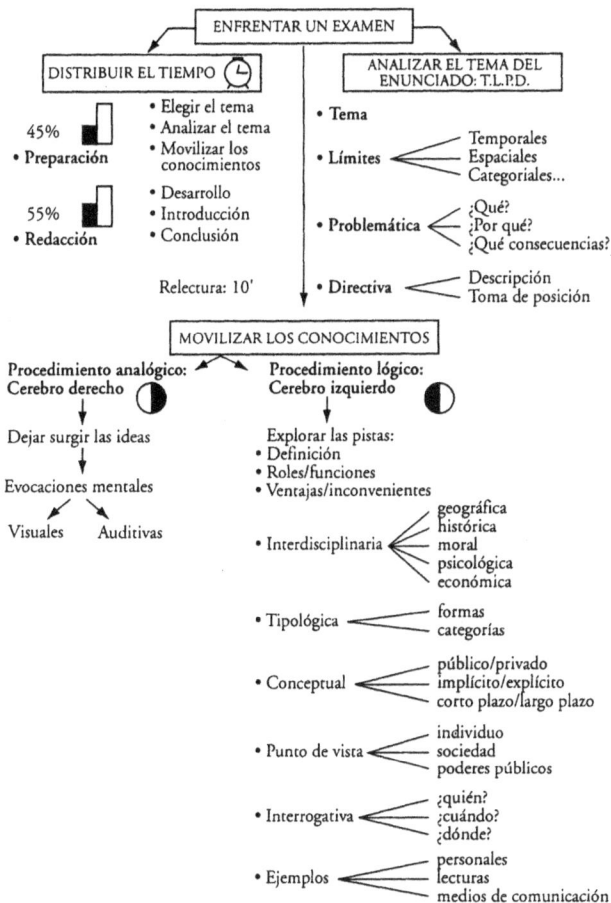

ESQUEMA: *Enfrentar un examen*

107

6. Construir una estructura

Una vez que se han movilizado, anotado brevemente las ideas, sólo se trata de *ordenarlas* para construir una estructura.

Muy a menudo, en la escuela secundaria, se pide la estructura de un trabajo como una simple formalidad; por esta razón, se la suele considerar como una tarea artificial. En realidad, una estructura es un camino señalado, un itinerario, una dinámica que permite conducir al lector o al oyente de un punto a otro para ayudarlo a comprender. Enfocada así, la construcción de una estructura ya no es un ejercicio escolar sino una manera de lograr una *mejor comunicación.* Y esto cambia todo...

1. Los diferentes tipos de estructura

Estructura cronológica
Los elementos se disponen en un orden determinado según su sucesión en el tiempo. Este tipo de estructura se encuentra:

– en un relato: se cuentan los hechos en el orden en que sucedieron;

— en un texto histórico: se presentan los hechos en el orden en que se desarrollaron;

— en un texto técnico o prescriptivo: se expone el orden de las diferentes operaciones que deben efectuarse para fabricar un objeto o para lograr un objetivo determinado;

— en un acta o en un informe.

Estructura espacial

Se describen diferentes lugares según su disposición en el espacio. Es el tipo de estructura utilizada para describir un país, un lugar: estación, aeropuerto, establecimiento escolar, apartamento, e incluso, un objeto...

Estructura inventario

Se enumeran los diferentes componentes de una situación o de un problema.

Estructura que va de lo general a lo particular

Se empieza por el todo y se termina en las partes.

Estructura que va de lo particular a lo general

Se empieza por los detalles y se termina en el conjunto.

Estructura por categorías

Se estudian, uno tras otro, los diferentes aspectos de un problema: aspecto social, económico, jurídico, técnico, psicológico...; los diferentes puntos de vista: el punto de vista del consumidor, el del ciudadano, el del gobierno, el de la provincia, el de la nación…; las diferentes manifestaciones que puede tener un concepto, por ejemplo, la libertad individual, la libertad de expresión.

Estructura por orden de importancia

Se parte de lo menos importante para llegar a lo más importante, o viceversa. Para un deber de redacción, es aconsejable optar por la primera posibilidad. De esta manera, guardan la "artillería pesada" para el final; el profesor, al corregir, sabrá apreciarlo.

En cambio, el periodista opta generalmente por la segunda posibilidad: parte de una noticia importante y la destaca en el título. Su objetivo es diferente: de entrada busca llamar la atención del lector para que éste desee leer el periódico. Una estructura es también una estrategia.

Estructura inductiva

Se parte de hechos y de ejemplos para llegar a la ley. Así procede el investigador: reúne cierto número de observaciones, las analiza y luego intenta generalizarlas sintetizándolas.

Este tipo de estructura se utiliza más dentro de un párrafo que dentro de todo un texto. Volveremos sobre este punto.

Estructura deductiva

Se da una ley y se la ilustra luego con ejemplos. Estamos en el ámbito de la prueba. También, para ustedes, este tipo de estructura es más conveniente dentro de un párrafo que dentro del texto completo.

Estructura argumentativa (comparar los aspectos opuestos de x)

Es la conocida estructura del debate: se destacan primero los elementos a favor, los aspectos positivos, las ventajas; luego se consideran los elementos en contra, los aspectos negativos, los inconvenientes. En este tipo de estructura, existe siempre una oposición muy clara, marcada por conectores de articulación lógica tales como: "pero", "no obstante", "en cambio…".

Ejemplo: "Ventajas e inconvenientes del tiempo libre". (DEUG de Ciencias Económicas.)

Existen dos posibilidades distintas para construir este tipo de estructura. Deberán descubrirlas y practicarlas en la ejercitación.

Estructura comparativa (comparar x con y)

No se trata aquí de comparar dos aspectos opuestos de una misma realidad, como en el caso anterior, sino dos realidades diferentes.

Ejemplo: "Comparar el expansionismo de Alemania y el del Japón de 1933 a 1939". (DEUG de Historia.)

En esta estructura deberán tomar ciertas precauciones, a menudo ignoradas por los alumnos. *Ante todo, deben evitar los pasos siguientes*:

– estudio del primer elemento: el expansionismo en Alemania,

– estudio del segundo elemento: el expansionismo en el Japón,

– similitudes y diferencias entre ambos elementos: el expansionismo de Alemania y el del Japón,

o

– puntos comunes del expansionismo en ambos países,

– diferencias del expansionismo en ambos países.

En ninguno de los dos casos están tratando el tema; examinan cada campo sin compararlos.

Es mejor que comiencen determinando puntos precisos de comparación, y, en cada uno de estos puntos, mostrarán las semejanzas y las diferencias entre ambos.

Pueden establecer una estructura del tipo:

1. Razones económicas.

2. Razones demográficas.

3. Razones ideológicas.

4. Tácticas diferentes, etcétera.

Estructura hechos-causas-consecuencias

Esta estructura es utilizada a menudo en la prensa. El periodista comienza exponiendo los hechos, la situación o el problema.

En un segundo paso, estudia las causas, y, para terminar, señala las consecuencias, favorables o desfavorables.

Esta estructura es adecuada para exponer un problema de conjunto: la vida en barrios carenciados, los problemas de los jóvenes...[1]

Señalemos que en la presentación de un hecho histórico (una revolución, una guerra, etcétera), las causas son anteriores a los hechos: aquí conviene la estructura cronológica.

Estructura hechos-causas-soluciones
Se trata del mismo tipo de estructura que la anterior; también es corriente en la prensa. Después de haber expuesto los hechos y estudiado las causas, el autor considera las soluciones, las medidas, los remedios.

Según el tema, estas dos estructuras pueden presentarse en dos partes y no en tres:
– situación (y/o problema)-soluciones;
– situación (y/o problema)-consecuencias;
– situación (y/o problema)-causas.

Ejemplo 1: "En el marco de una campaña nacional en favor de la lectura, deberá examinar los problemas que la lectura plantea en Francia y, luego, proponer medidas

---

[1] Este tipo de tema aparece, a menudo, en los exámenes de ingreso para empleos que requieren el DEUG (en periodismo o comunicación); también en los exámenes para puestos administrativos. Por esta razón, aunque los temas estudiados en este capítulo y en el siguiente corresponden fundamentalmente a los exámenes de primero y segundo año del DEUG de diferentes carreras, analizamos también algunos ejemplos de cultura general.

para estimular esta actividad. Exponga su propio plan de acción". (Examen para un puesto administrativo.)

Estructura posible:

1. La situación (las esperanzas, las inquietudes).
2. Las medidas (soluciones):
   - a nivel de la enseñanza;
   - a nivel de las bibliotecas;
   - a nivel de las editoriales.

Ejemplo 2: "Gran Bretaña, en un principio menos extendida y poblada que Francia, por su desarrollo económico superó a este país durante los siglos XVIII y XIX. Después de analizar los hechos, señale las causas y las consecuencias". (DEUG de Historia.)

Estructura (casi impuesta por el enunciado):

1. La situación.
2. Las causas.
3. Las consecuencias.

Estructura S.P.R.I. (Situación-Problema-Resolución-Informaciones)

Esta estructura apunta a tratar todo tema como si fuera un problema que debe resolverse.[2] Se desprende del método general de resolución de problemas; contiene cuatro partes.

1. Analizar la Situación (*S*). Para ello, observarla, documentarse.

2 L. Timbal-Duclaux, *La Méthode SPRI*, Retz.

2. Detectar el Problema (*P*). Comprender por qué la situación engendra un problema (del griego *problêma*, "lo que está arrojado adelante"). Un problema supone un actor (individual o colectivo) y un objeto arrojado delante de él, atravesando su camino, es decir, un obstáculo. "Tener un problema" significa estar confrontado a una dificultad material o intelectual. Por naturaleza, un problema se refiere a una persona determinada en una situación determinada. Un dibujo de Sempé ilustra bien esta situación: una familia de picnic escucha informaciones terribles en la radio como si nada; sólo reacciona cuando la radio anuncia los embotellamientos en la ruta. El "problema" para esta familia es volver por la tarde a la ciudad.

3. Anunciar su Resolución de principios (*R*), sus soluciones. Exponer únicamente las grandes líneas, el por qué de la elección tomada. Por el momento, no debe entrarse en detalles.

4. Detallar las Informaciones necesarias para aplicar su resolución (*I*), explicar el cómo: detalles, modalidades…

Esta estructura tal vez no sirva para el momento del examen, pero se revela muy útil para tomar decisiones y proponer soluciones, en particular si efectúan algún trabajo asociativo.

He aquí un ejemplo muy esquemático de utilización de la estructura S.P.R.I. en el marco de un grupo de trabajo cuyo objetivo es mejorar las condiciones de vida en la universidad.

(*S*) El restaurante universitario está repleto de 12 a 13 horas.

(*P*) Los estudiantes pierden mucho tiempo haciendo la cola.

(*R*) Un sistema de alternancia podría implementarse.

(*I*) Sólo los estudiantes que tienen clase a las 13 hs almorzarían entre las 12 y las 13 hs. Esta alternancia podría aplicarse apelando al voluntariado.

Estructura dialéctica

Esta estructura es muy conocida, pero llevarla a buen término es bastante difícil. Está construida sobre el concepto de no contradicción y se compone de tres partes:

– la tesis: se examinan los elementos a favor, los puntos positivos, las ventajas;

– la antítesis: se examinan los elementos en contra, los puntos negativos, los inconvenientes, los peligros...;

– la síntesis: permite superar la contradicción.

El principal peligro de esta estructura es desembocar en una caricatura del tipo: "tal vez sí, tal vez no"; "digamos mitad/mitad"; "verdadero", "falso", "quizás". En realidad, en la síntesis no deben intentar conciliar lo inconciliable sino examinar la situación y, sobre todo, tomar posición. Luego de haber analizado las ventajas y los inconvenientes de manera muy lógica gracias al cerebro izquierdo, dejen actuar el cerebro derecho: efectuará la síntesis y dará su opinión.

Por otra parte, se admite cada vez más que la síntesis no constituye una parte separada sino que forma parte de la conclusión; esto vuelve la tarea más fácil. Estamos cerca de la estructura argumentativa.

Ejemplo 1: "Los grandes complejos de vivienda a menudo son criticados; se habla de ellos como 'máquinas de hospedar' que impiden la vida plena del hombre. ¿Cuál es su opinión?" (Examen de ingreso a la Administración Pública.)

Puede adoptarse el esquema siguiente:

1. Los aspectos positivos de esta manera de vivir (ventajas materiales, solución al problema de la vivienda…).

2. Los aspectos negativos (desde el punto de vista estético, social, humano…).

3. La síntesis, que deberá reflejar su opinión personal ("En consecuencia, parece imposible que esta manera de vivir pueda continuar; sería necesario…").

¿En qué orden presentar cada uno de los aspectos? Sean estrategas. Examinen en último lugar la posición más cercana a la de ustedes. Así, si comparten la opinión del autor (están en contra de los grandes complejos de vivienda), presenten los aspectos negativos en la segunda parte. Pasarán de manera más natural a su propio punto de vista.

Ejemplo 2: "Deben hacer un informe sobre la compra de una cantidad importante de fotocopiadoras muy perfeccionadas para su facultad".

El informe podrá construirse de la siguiente manera:

– La tesis: "Los nuevos modelos de fotocopiadoras presentan cierto número de ventajas. Son más eficaces, ya que permiten ampliaciones y reducciones; además, las reproducciones son más prolijas".

– La antítesis: "Pero estos aparatos no carecen de inconvenientes: son muy costosos; además, son muy frágiles y se descomponen con facilidad...".

– La síntesis-conclusión: "Considerando todas estas razones, sugiero, pues, adquirir un número limitado de este tipo de fotocopiadoras y no exponerlas al sistema del libre servicio total. Podrían ubicarse en un local con un responsable que controle su buen funcionamiento y dé las indicaciones necesarias a los utilizadores que lo requieran. Para el libre servicio total, se reservarán las antiguas máquinas".

Todo texto está organizado en función de una *estructura dominante*, pero, dentro de ésta, se combinan diferentes tipos de estructura. Así, en la estructura argumentativa, los argumentos positivos y los argumentos negativos están reunidos por rúbricas, por puntos de vista (estructura por categorías). De la misma manera, dentro de la estructura por categorías, interviene una estructura inventario: primer argumento, segundo argumento..., e incluso –es una mejor solución cuando el tema lo permite–, una estructura por orden de importancia: del argumento menos fuerte al argumento más fuerte. Estas subestructuras representan las *estructuras secundarias*.

Es ahora el momento de poner orden a las ideas anotadas gracias a los dos procedimientos indicados en el capítulo anterior. Para ello, luego de haber atribuido un número a cada parte (1., 2., ...) y a cada subparte (1.1., 1.2., ...) en función del orden de aparición en el texto, trasladen esta numeración a las ideas anotadas. Para encontrar rápidamente los elementos que pertenecen a tal o cual parte, utilicen resaltadores de colores diferentes. Una vez utilizadas, táchenlas.

2. ¿Qué estructura elegir?

A menudo el *enunciado* presenta indicios sobre el camino que debe tomarse.

Ejemplo: consideremos la consigna "Estudie las consecuencias de la desnutrición en el desarrollo intelectual del niño" (DEUG de Psicología). Este tema invita a la estructura: hechos (parte breve) y consecuencias.

Dentro de la parte "consecuencias", tratarán los diferentes tipos de consecuencias; harán intervenir, entonces, una estructura por categorías.

El verbo que se utiliza en lo que denominamos *directiva* es un excelente indicador de estructura.

Verbos	Estructura correspondiente
Analizar	Estructura por categorías (se considera un aspecto tras otro)
Apreciar	Estructura argumentativa combinada con una estructura por categorías o por orden de importancia
Caracterizar	Estructura por categorías
Comentar	Estructura argumentativa[3]
Comparar los aspectos opuestos dentro de un mismo ámbito	Estructura argumentativa
Comparar dos ámbitos	Estructura comparativa asociada con una estructura por categorías
Criticar	Estructura argumentativa o dialéctica
Describir	Estructura inventario, por categorías, cronológica o espacial, según el tema
Definir	Estructura inventario o por categorías[3]
Demostrar	Estructura inductiva
Debatir	Estructura argumentativa o dialéctica, se pondrá el acento en la antítesis[3]
Enumerar	Estructura inventario
Estudiar, explicar una fórmula o un juicio	Estructura inventario y/o por categorías, y/o por orden de importancia
Estudiar, exponer una situación	Estructura hechos-causas-consecuencias y/o soluciones[3]
¿Cuál es su opinión sobre...? ¿Qué le sugiere...?	Estructura argumentativa o dialéctica

[3] Las estructuras argumentativa, dialéctica, hechos-causas-soluciones o consecuencias están siempre combinadas con una estructura por categorías y/o por orden de importancia.

Ejercitación

Objetivo: encontrar la estructura de un texto.

Ejercicio 1

Recorra el texto:
- lea el primero y el último párrafo enteros;
- lea la primera frase de los otros párrafos.

Encuentre la estructura dominante sobre la cual se construye el texto. Indique los párrafos que se relacionan con las diferentes partes de esta estructura.

Un nuevo infierno

El estado deplorable del tránsito en la capital es objeto de tantos comentarios que nos parece inútil analizarlos en detalle. Durante algunos años nos fuimos dejando encerrar en una situación cuya solución ya no le corresponde a la medicina sino a la cirugía.

París no es otra cosa que un garage atascado; dentro suyo, entre el estruendo de motores, sofocados por el hedor de las emanaciones de los carburantes, caminan los peatones, deslizándose por el estrecho corredor que separa la muralla de edificios de un dique de chapa continua. La capital ha perdido su encanto. Sus perspectivas están obstruidas, la proporción de sus monumentos se ha desvirtuado. Imposible pasear por las calles y detenerse cuando a uno se le antoja. Andar a pie ya no es un paseo sino un duro trabajo cuyo único encanto son peligros constantes.

Este desorden tiene efectos psicológicos y fisiológicos inquietantes para los ciudadanos. Arruina, literalmente, la existencia de muchos de ellos: crispados desde la mañana sobre el volante de un auto encajado dentro de un flujo continuo de vehículos, exasperados por los embotellamientos, obsesionados por encontrar un lugar para estacionar, desequilibrados por el acoso tiránico de una máquina que no debería ser más que un instrumento de trabajo, más solicitados por la presencia de este objeto inerte que por la de alguien vivo.

El estado de nervios anormal de la mayoría de los parisinos les hace perder no sólo su buen humor sino también sus buenos modales; los provincianos son los testigos afligidos de esta deplorable evolución que se agrava y contribuye a quitarle a la ciudad lo que fue su sonriente prestigio. La cortesía cede su lugar al egoísmo y a la imprecación. Desde la mañana, la vida del automovilista no es más que una competencia malhumorada, una lucha permanente y huraña para pasar, adelantarse a todo precio, maltratando al otro permanentemente, sin la más mínima manifestación de solidaridad y menos aun, de caballerosidad.

Así, el hombre, dejándose dominar por la utilidad de un maldito instrumento, va borrando poco a poco lo que era el valor de una civilización humana.

Philippe Lamour,
Revue politique et parlementaire,
enero-febrero de 1963.

Ejercicio 2

1. Encuentre la estructura dominante sobre la cual está construido el texto. Indique los párrafos que corresponden a las diferentes partes de esta estructura.

2. Encuentre la o las estructuras secundarias y dé algunos ejemplos para justificarlas.

INCENDIO EN LA REUNIÓN

El incendio que en diez días devastó entre 4 mil y 5 mil hectáreas de bosques y zarzales en las colinas altas del suroeste de La Reunión ha sido controlado en su superficie. Pero sigue latente debajo de la tierra y se propaga por el humus y por las raíces, fácilmente inflamables debido a la sequía que reina desde hace varios meses. Hay más de quinientos hombres en el lugar en estado de alerta, ya que el fuego puede manifestarse en todo momento debido a los violentos vientos alisios que azotan la isla.

La amplitud del siniestro, cuyo origen parece ser criminal, puede explicarse por muchos factores: la altitud –más de 2 mil metros– en una zona de difícil acceso, la falta de vigilancia en el bosque, la estrechez de los cortafuegos existentes y la sequía.

Entre las hectáreas destruidas, hay 500 de bosque productivo, esencialmente tamarindos, explotados por la belleza de su madera por cincuenta ebanistas isleños que se encontrarán sin fuente de abastecimiento. Asimismo, este incendio acabó con veinte años de esfuerzo de la Oficina Nacional de Bosques, que se ocupa de regenerar el bosque autóctono, explotado desde hace dos siglos. También esta catástrofe tendrá consecuencias en la erosión de los suelos, ya que las fuertes lluvias de la estación ciclónica ocasionarán grietas en las escarpadas colinas de la región.

Extraído de un trabajo sobre la prensa
elaborado por los alumnos, 1988.

Segunda serie
Objetivo: construir una estructura argumentativa.

Ejercicio 1

1. Clasifique en dos series los siguientes argumentos sobre la publicidad: aspectos positivos y aspectos negativos; es un ejercicio para el cerebro izquierdo.

2. Señale los temas de los argumentos; por ejemplo, el tema del primer argumento es "la publicidad y sus repercusiones en la vida económica". Deberá tomar distancia con respecto al conjunto de argumentos para relacionarlos; es un ejercicio para el cerebro derecho.

3. Construya una estructura argumentativa. Puede elegir entre dos procedimientos.

Primer procedimiento	*Segundo procedimiento*
1. LOS ASPECTOS POSITIVOS	TEMA 1
1.1. Tema 1	– Aspectos positivos
1.2. Tema 2	– Aspectos negativos
1.3. Tema 3, etc.	
2. LOS ASPECTOS NEGATIVOS	TEMA 2
2.1. Tema 1	– Aspectos positivos
2.2. Tema 2	– Aspectos negativos
2.3. Tema 3, etc.	

Según el tema, se elegirá uno de los dos procedimientos. Para temas más amplios y complejos, el segundo procedimiento resulta más fácil.

De todas maneras, ejercítese en ambas posibilidades.

Dentro de cada parte, optará por una de las siguientes estructuras secundarias:
- estructura inventario,
- estructura por orden de importancia.

1. La publicidad contribuye a disminuir los costos de producción.
2. Suele decirse que la publicidad informa al consumidor, pero el interés de este tipo de información es escaso.
3. La publicidad permite lanzar rápidamente nuevos productos.
4. El precio de la publicidad está incluido en el de la mercadería, constituyendo, así, una suerte de impuesto.
5. La publicidad contribuye a disminuir los costos de comercialización.
6. Contrariamente a lo que suele afirmarse, no se ha probado que las compras originadas por la publicidad sean favorables al consumidor.
7. La publicidad aumenta la distancia entre las necesidades y las posibilidades de satisfacción; el hombre se vuelve codicioso.
8. La publicidad permite bajar el precio de los diarios.
9. La publicidad implica un gran derroche de materia prima.
10. La publicidad puede contribuir a dar salida a un producto agrícola que abunda en el mercado debido a una cosecha excepcional.
11. La publicidad engaña al consumidor alabando exageradamente los productos con argumentos falaces.

---

[4] No vuelva a copiar los argumentos, anote sólo el número.

12. La publicidad alegra las paredes de las ciudades y los pasillos de los subterráneos.
13. La publicidad aumenta las posibilidades de elección del consumidor.
14. La publicidad incita al consumidor a comprar y a poner en peligro su presupuesto.
15. La publicidad destruye algunos paisajes.
16. La publicidad crea empleos.
17. La publicidad responde al deseo de evasión, propio del hombre.
18. La publicidad interrumpe las emisiones de radio y de televisión.
19. La publicidad tiende a convertir al hombre contemporáneo en un ser pasivo: "Haga como todo el mundo, beba X, lea Y...".
20. La publicidad es una inversión productiva.
21. El consumidor está tan condicionado como el perro de Pavlov, aunque crea elegir libremente.
22. La publicidad aparta a los hombres de lo esencial.
23. La publicidad suscita una demanda de objetos cuya utilidad en valor absoluto es cuestionable.
24. La publicidad contribuye a acelerar la demanda y, en consecuencia, la producción en serie: genera una disminución en el costo del producto.

Ejercicio 2
Efectúe el mismo trabajo que en el ejercicio anterior; sin embargo, aquí el número de argumentos para clasificar es mayor. Además, difícilmente dos argumentos puedan ser clasificados dentro de un tema particular; de ahora en más piense cuál podría ser su función. Volveremos más adelante sobre este punto.

1. Gracias a que la televisión se introdujo en muchos hogares, es posible mencionar a la mayoría de los franceses los nombres de los premios Nobel o el nombre del ganador del premio Goncourt, sin que piensen que uno habla en chino. (J. Fourastié, *Des loisirs pour quoi faire?*, Casterman, 1977.)

2. La televisión es un descanso, una relajación. Por unos instantes, permite olvidar la vida cotidiana, sus dificultades y su mediocridad.

3. Es innegable que la televisión abre las mentes hacia nuevos conocimientos y aporta mensajes culturales a una cantidad de gente que, sin ella, permanecería en la ignorancia. (J. Cazeneuve, *Sociologie de la radio-télévision*, PUF.)

4. En algunos países, el Estado tiene el control de la televisión. En manos de un gobierno, este modo de información es menos objetivo; ya no se trata de informar en el sentido de "hacer saber" sino de "informar" en el sentido de "dar forma".

5. La mente se dispersa con el flujo incesante de imágenes y uno se vuelve incapaz de reflexionar verdaderamente.

6. Gracias a los progresos de la tecnología, la televisión es capaz de hacer verdaderas hazañas con la información. Nos permite asistir en directo a hechos que ocurren del otro lado del planeta.

7. La televisión aleja al gran público de otras distracciones culturales de acceso menos inmediato, como la lectura, los conciertos e, incluso, el cine.

8. Existen en Francia más de tres millones y medio de televisores. Se trata, pues, de un fenómeno social de una importancia considerable.

9. Gracias a la televisión, todo el mundo puede acceder a la cultura, mientras que antes se reservaba sólo a una elite. (J. Cazeneuve, ob. cit.)
10. La televisión es un medio de información permanente que se traduce en una mejora de la expresión oral por contagio. Esto es particularmente importante para algunos medios culturalmente desfavorecidos.
11. La radio y la televisión son instrumentos políticos. Es sabido que cuando una revolución estalla en un país, uno de los primeros objetivos de los insurrectos es la posesión de los medios. De la información a la propaganda, sólo hay un paso. (J. Cazeneuve, ob. cit.)
12. Por lo general se acusa a la televisión de reducir el nivel cultural al de la mayoría y de nivelar los gustos de la masa hacia la mediocridad, a la cual uno termina por acostumbrarse. (J. Cazeneuve, ob. cit.)
13. Para satisfacer a todos los públicos que miran la televisión, los creadores de programas y los presentadores de noticieros bajan el nivel de la información al punto de deformar la verdad para volverla accesible.
14. La televisión tiene un "enorme impacto", dijo Pierre Lazareff. Puede ser utilizada por el gobierno para fabricarse una opinión pública a medida, para formar mentes y transformar a los ciudadanos en ovejas.
15. La calidad de las emisiones de entretenimientos es mediocre, cuando no es de mal gusto. En efecto, la televisión suele hacer un espectáculo con el drama de los demás: hambruna, guerras, catástrofes, accidentes...

16. La televisión nos ofrece informaciones constantemente actualizadas. En cuanto ocurre un hecho de gran importancia, todo programa puede interrumpirse para informar al público sobre lo acaecido. En cambio, las informaciones de un diario están retrasadas entre doce y veinticuatro horas.

17. El objetivo de la televisión es triple: informar, cultivar, distraer.

18. Cuando no existía la televisión, era común reunirse por las tardes con vecinos o amigos. La vida social estaba mucho más desarrollada.

19. La televisión es una manera de iniciación a la cultura artística, literaria y científica (teatro, música, programas científicos).

20. La televisión es una ventana abierta hacia el mundo: descubrimiento de pueblos, de países, de medios sociales diversos; descubrimiento de los problemas de nuestro tiempo; contacto con todas las opiniones.

21. La televisión no ha hecho disminuir la lectura, todo lo contrario. A menudo, el televidente compra un libro relacionado con un programa que le interesó.

22. La televisión ha reemplazado a las visitas, a las reuniones familiares, amistosas o asociativas. La gente permanece sentada delante del televisor y ya no sale.

23. La televisión es un obstáculo a la comunicación familiar: impide la conversación y el diálogo.

24. La televisión es un medio para disipar los prejuicios y acercar a los hombres de todos los continentes.

25. Los medios de comunicación audiovisual pueden solucionar los problemas que origina una formación puramente libresca, que anquilosa los espíritus.

26. Gracias a la televisión, todos ven la misma pelícu-
    la, el mismo reportaje, el mismo documental, del
    ingeniero al obrero, del director de empresa al por-
    tero de la fábrica, del juez al barrendero. (J. Caze-
    neuve, ob. cit.)
27. Los programas no son de gran calidad cultural. Y los
    que sí lo son, no están adaptados al nivel de formación
    de cada uno.
28. El noticiero se parece cada vez más a un dibujo
    animado.

Tercera serie
Objetivo: elegir una estructura en función de un tema.

Indique, para cada uno de los enunciados analizados en
los ejercicios "Analizar el enunciado", "Encontrar un tema y volver a formularlo" (pp. 103-104), la estructura
dominante y las estructuras secundarias que se adaptan
mejor.

Cuarta serie
Objetivo: encontrar un tema a partir de una estructura.[5]

1. He aquí estructuras de trabajos realizados por alumnos. Encuentre, entre los tres temas propuestos (a, b, c),
   aquel que corresponde a la estructura.
2. Indique la estructura dominante y las estructuras secundarias adoptadas en los tres casos.

---

[5] Las estructuras emplean dos sistemas de numeración diferente. En la
tarea pueden optar por cualquiera de los dos.

• *Primera estructura*
1. ¿Por qué la Guerra de Secesión?
   A. La situación de los negros en los Estados Unidos.
      1. El punto de vista general.
      2. El punto de vista del Sur.
      3. El punto de vista del Norte.
   B. Hacia el conflicto.
2. El desarrollo del conflicto.
   A. La elección de Lincoln.
   B. Las fuerzas presentes.
   C. La escena de las operaciones.
   D. Algunas batallas importantes y el aniquilamiento de la confederación.
3. Consecuencias y alcance de la guerra.
   A. La emancipación.
   B. El caos de la reconstrucción del Sur.

ENUNCIADOS
a. Estudie las etapas principales de la Guerra de Secesión.
b. Estudie la repercusión de la Guerra de Secesión en la vida de los negros en Estados Unidos.
c. Estudie las causas, el desarrollo y las consecuencias de la Guerra de Secesión.

• *Segunda estructura*
1. Los límites relacionados con la técnica: la domesticación del fuego.
2. Los límites relacionados con los factores humanos: reconstitución de una casa neolítica a partir de excavaciones.
3. Los límites engendrados por la gran cantidad de explicaciones potenciales: las cuevas de Gargas y de Pech Merle.

a. Destaque los límites de las interpretaciones propuestas por la arquelogía sobre las sociedades sin escritura.

b. A partir de ejemplos precisos, ponga en evidencia los límites de las interpretaciones propuestas por la arqueología en las sociedades sin escritura.

c. A partir de ejemplos precisos, ponga en evidencia los medios utilizados por la arqueología para conocer las sociedades sin escritura.

• *Tercera estructura* (se trata de un esquema de trabajo realizado por una alumna)

1. Definiciones y características generales.
   A. Definiciones.
   B. Características generales.
      1. La empresa es una unidad:
      – de producción,
      – de repartición.
      2. La empresa es un sistema:
      – físico,
      – con una finalidad,
      – social.
      3. Clasificación de las diferentes empresas.
2. La empresa y su ámbito.
   A. Ámbito natural.
   B. Ámbito tecnológico.
   C. Ámbito sociocultural.
   D. Ámbito político.
   E. Ámbito económico.
3. La empresa es un grupo humano.
   A. Relaciones humanas en un grupo de trabajo.
   B. Informaciones y comunicación en la empresa.

C. La influencia de la empresa líder.
4. La empresa es un grupo organizado.
   A. Las diferentes funciones.
      1. Concepción de Fayol (a principios de siglo).
      2. En la actualidad.
   B. La estructura de la empresa.

ENUNCIADOS

a. Estudie las dificultades en el funcionamiento de una empresa.
b. Estudie el funcionamiento de una empresa.
c. Muestre cómo la empresa ha evolucionado durante los últimos veinte años.

analizar / caracterizar / definir

estructura inventario (a + b + c...) → o → estructura por categorías
- diferentes aspectos (social, moral...)
- diferentes puntos de vista
- diferentes tipos

estudiar / explicar / una fórmula / un juicio

estructura inventario
- y/o → estructura por categorías
- y/o → estructura por orden de importancia
  + → –
  – → +

estudiar / explicar / una situación

estructura hechos/ causas/consecuencias y/o soluciones → o → estructura S.P.R.I. (situación + problema + resolución + información)

apreciar / comenzar / comparar / + y – de x / criticar

estructura argumentativa

Tema 1
- aspectos positivos
- aspectos negativos

Tema 2
- aspectos positivos
- aspectos negativos
...

o

Aspectos positivos
- tema 1
- tema 2 ... /...

Aspectos negativos
- tema 1
- tema 2 ... /...

comparar / x con y

estructura comparativa

1er elemento de comparación
- similitudes
- diferencias

2do elemento de comparación
- similitudes
- diferencias

criticar / ¿cuál es su opinión? / ...

estructura argumentativa

estructura dialéctica
- Tesis
- Antítesis
- Síntesis

ESQUEMA: *Elección de la estructura en función de la directiva*

7. Armar el trabajo

"Introducción incompleta, conclusión apresurada, párrafos mal construidos", seguramente todos hemos leído estas frases escritas en rojo sobre la hoja de algún examen escrito.

Una vez que hemos reunido el material necesario para el trabajo y elegido su arquitectura, sería una pena no cumplir con la última etapa: armar el trabajo. Este capítulo se propone enseñarles a redactar hábilmente una *introducción*, una *conclusión* y cada *párrafo*. La redacción no debe enfocarse como una simple formalidad sino como un medio para lograr una mejor comunicación. Tanto los escritos como los orales que prepararán en sus vidas profesionales para informar, convencer o suscitar adhesión deberán seguir las mismas reglas.

1. La técnica de la introducción

Un paso obligado en la construcción de un trabajo escrito u oral es la redacción de una introducción. Es una suerte de preludio que establece el contacto con el lector o el oyente, un preludio para romper el hielo. A partir de este principio, cumple tres funciones:

– *anunciar el tema*: plantear el problema;

– *despertar interés*: llamar la atención del lector o del oyente despertando su deseo de leer o de escuchar;

– *señalar*: indicar las grandes líneas del desarrollo del trabajo, enunciar el orden en que se tratarán los temas.

He aquí una introducción. ¿Cómo procedió el autor?

La humanidad se dirige hacia su propia extinción. El planeta se está volviendo inhabitable. Recalentamiento del clima, tala de bosques, erosión, contaminación de los océanos y de las capas freáticas... Todo sucede simultáneamente, a una velocidad vertiginosa. Los efectos se suman ocasionando una constante sinergia. Así, la desforestación y la destrucción de los suelos contribuyen a la modificación del clima. Tenemos muy poco tiempo para tomar decisiones y actuar. Cinco mil días parece mucho, pero ¿cuánto tiempo nos queda exactamente? Nadie puede decirlo. Es como cuando alguien nos dispara con un revólver: queda siempre la incertidumbre de los efectos que la bala puede producir en el vientre. ¡Pero alcanza para que uno se oponga a esta actividad!

Se indica el tema y se despierta la atención (1ª y 2ª oraciones).

Se anuncia la estructura:
– hechos (3ª y 4ª oraciones)
– causas (5ª y 6ª oraciones)
– soluciones (7ª oración)
Nuevamente se despierta la atención (8ª oración, hasta el final del párrafo).

E. Goldsmith, "5000 jours pour sauver la planète", en *Ça m'intéresse*, núm. 121, marzo de 1991, p. 7.

El tema se anuncia de entrada: el planeta está en peligro. Esto se presenta de tal manera que el lector se siente aludido (utilización de términos significativos: extinción, inhabitable…). Luego se evoca la estructura dominante del artículo: se estudiarán los hechos, las causas, las soluciones. La última parte del párrafo busca suscitar otra vez la atención del lector. Para ello, el periodista hace una pregunta para despertar la curiosidad y recurre a una comparación: "Es como…" –técnica particularmente indicada para los cerebros derechos–, y termina con una oración exclamativa, eficaz procedimiento de persuasión.

Están presentes todos los ingredientes para movilizar el interés del lector. Claro que un profesor no es un lector cualquiera; quizá deban matizar sus propósitos. No es menos cierto que, después de haber leído cincuenta exámenes, el corrector agradecerá que lo hayan sacado de los caminos trillados…

¿Cuándo escribir la introducción?
Considerando su función, es impensable escribir la introducción mientras no se hayan detectado las ideas y la estructura. Sólo podrán redactarla al final, cuando el edificio esté a punto de terminarse. Pero no deben descuidarla, no se olviden de reservarle un tiempo suficiente en el organigrama.

2. La técnica del párrafo

2.1. ¿Por qué dividir el texto en párrafos?

El párrafo constituye la unidad de sentido más pequeña del texto. Debe reservarse para tratar una única idea principal. Esta idea principal está acompañada de ideas complementarias, cuya función, según los casos, es desarrollarla, explicarla e ilustrarla con ejemplos o con hechos precisos, e indicar sus consecuencias.

En todo caso, la idea principal es una especie de etiqueta que cubre todo el contenido del párrafo. Debe poder ser expuesta a través de un título corto.

Gracias a la disposición en párrafos, las diferentes etapas del texto aparecen claramente: el lector sabe siempre en dónde está situado.

El párrafo se distingue materialmente por un punto y aparte y por la sangría al principio del renglón.

2.2. ¿Cómo construir un párrafo?

Existen tres grandes tipos de estructura.

El párrafo de tipo deductivo (conduce de la ley a los hechos)

La idea principal se anuncia en una o dos oraciones al comienzo del párrafo. Las ideas complementarias la desarrollan en las oraciones siguientes; es el método más corriente. He aquí un ejemplo:

Lo que nos maravilla siempre de los medios de comunicación es la fantástica rapidez con la cual la más pequeña noticia recorre el mundo, o, por lo menos, los países de tecnología avanzada. Ocho días fueron necesarios para que un europeo se enterara del asesinato de Lincoln (1865); menos de ocho minutos para enterarse del asesinato de Kennedy (1963). En cuanto al supuesto criminal, gracias al milagro de la transmisión en directo por satélite, pudimos verlo caer en el instante mismo, alcanzado por una bala.

Idea principal: 1ª oración
Ideas complementarias: las demás oraciones, cuya función es ilustrar la idea principal con ejemplos

> G.Gauthier, P. Pilard, *Télévision active-Télévision passive*, Téma, 1970.

El párrafo de tipo inductivo (conduce de los hechos a la ley)

Se trata del orden opuesto al anterior: se dan primero cierto número de hechos que representan las ideas complementarias; la idea principal se encuentra al final del párrafo. Es lo que sucede en el ejemplo siguiente:

El lector puede detenerse durante la lectura, volver hacia atrás, retomar su libro al día siguiente. Hay reflexión y elección de su parte. Por ello, la lectura constituye un verdadero instrumento de cultura.

Hechos: las dos primeras oraciones.
Idea principal: última oración.

Al leer un texto, privilegien principio y fin de los párrafos: allí encontrarán lo esencial.

El *párrafo* a contrario
(tesis-antítesis)

Se parte de la idea opuesta a la que se quiere sostener, se la critica y se termina exponiendo la posición propia.

A menudo se objeta que la civilización de "la imagen" impide pensar, que la información visual va directamente a la sensibilidad sin dejar lugar para el juicio… Es posible, aunque no es tan simple como se pretende; ¿qué sitio ocupaba antes el juicio en la cabeza de aquellos que hoy se nutren de imágenes?

Idea opuesta: 1ª oración. Posición personal: 2ª oración.

Jean Fourastié, *Des loisirs, pour quoi faire?*, Casterman.

Función del párrafo	Conectores de articulación apropiados	
desarrollar la idea	de esta manera por otra parte asimismo además igualmente aún	más allá luego y por lo demás pues en cuanto a
precisar o ilustrar la idea	así es decir citemos	especialmente por ejemplo

introducir las consecuencias	así por eso por esta razón por lo tanto	pues a partir de lo cual en consecuencia por consiguiente
indicar las causas o aportar pruebas	pues debido a en efecto	porque puesto que
cambiar la idea (oponer) o atenuarla	sin embargo por el contrario pero lamentablemente	no obstante a pesar de ello con todo
introducir la conclusión	así entonces para resumir en definitiva	en resumen finalmente para concluir

2.3. Cómo encadenar los párrafos

Las relaciones que existen entre los párrafos (y entre las ideas que los componen) deben estar señaladas por los conectores de articulación lógica. Estos conectores, se trate de palabras o de expresiones, organizan el mensaje, lo subrayan; ayudan a que el lector siga el desarrollo o el razonamiento (véase el cuadro precedente).

Algunos conectores pueden tener muchos sentidos, pero el contexto permite que el lector disipe la ambigüedad.

143

A través de las distintas representaciones de la cultura que encontramos en los diferentes grupos sociales, podemos intentar establecer un inventario aproximativo de esta noción.

En primer lugar, todo el mundo está de acuerdo en que la cultura es ante todo sinónimo de conocimiento. *En efecto,* se ha dicho que la cultura era "aquello que queda cuando se ha olvidado todo", *pero* esta definición supone que, al menos, tenemos algo aprendido.

Es obvio que la ignorancia, *en ningún caso,* podría fundar una cultura.

Por esta razón, instintivamente, los trabajadores consideran la escuela como la primera herramienta de su ascenso, es decir, de su liberación.

En realidad, la cultura supera al conocimiento, especialmente al conocimiento superficial, *pues* exige un desarrollo profundo del individuo; no puede contentarse con una especialización, por más que ésta sea excelente, *ya que* supone un esclarecimiento de la realidad por diversas fuentes. No hay verdadera cultura sin una ampliación de horizontes, cosa que suele faltar en aquel que permanece en el marco estrecho de su sola especialidad.

En efecto, la especialización es limitativa por naturaleza; el árbol esconde el bosque. La cultura exige un juicio crítico sobre los hombres y sobre las cosas, necesita, *pues,* un horizonte de

1er párrafo = introducción (anuncia tema + estructura)

Introduce la primera parte

Explica

Marca una oposición

Generaliza la idea

Indica una consecuencia

Anuncia una explicación

Anuncia una explicación

Anuncia una justificación

La última oración del párrafo constituye una fórmula de transición

Anuncia una explicación

Indica una consecuencia

referencias bastante amplio, es decir, una distancia con respecto a los hechos y a las contingencias.

De la misma manera, podemos sostener que la vía de la investigación y de los descubrimientos *también* es la vía de la cultura; esta última comprende el saber *pero también* la conquista del saber.

Desarrolla la idea
Ídem
Ídem

En segundo lugar, la idea de cultura constituye una apertura hacia el mundo. Consiste en situarse, en desarrollar su sentido crítico, en comprender los hechos sin padecerlos.

Introduce la segunda parte

Esto significa que cultura es sinónimo de libertad de espíritu. *Pero* no quiere decir, *sin embargo,* retiro o renuncia. La cultura no es compatible con las barreras sociales, con las castas, con las clases, *ya que* implica comprensión mutua, diálogo, tolerancia recíproca; reclama los intercambios intelectuales que permiten el enriquecimiento y el desarrollo personal.

Anuncia una explicación
Marca una oposición
Anuncia una explicación

Finalmente, para la gran mayoría, la cultura *también* se relaciona con la acción. Conduce al compromiso, a la aceptación de responsabilidades, a la verdadera solidaridad, es decir, a la que es deseada generosamente y no soportada de manera mecánica.

Introduce la tercera y última parte
Desarrolla la idea

"Las relaciones entre el equipamiento cultural y el crecimiento regional", Estudio del Consejo Económico y Social, *Boletín Oficial,* París, 23 de abril de 1966.

145

Más adelante podrán encontrar la conclusión de este texto, pero intentemos preverla desde ahora.

3. La técnica de la conclusión

La conclusión es la palabra final, la última impresión que uno deja a su lector o a su oyente. Es particularmente importante no descuidar esta última parte.

La conclusión se compone, a menudo, de dos partes, de las cuales la primera es insoslayable y la segunda, deseable. Veámoslas:

– *Sintetizar*: habiendo llegado al término del desarrollo o de la demostración, se trata de extraer lo esencial, de hacer una evaluación y de dar su propia opinión si el tema lo requiere.

– *Ampliar el problema*: la conclusión puede situar el tema en una perspectiva más general, abriéndose hacia otros campos u otros temas análogos que podrán tratarse en el futuro. Así, no termina abruptamente y conserva el contacto con el interlocutor. Si los ejemplos y los detalles han servido de apoyo para el desarrollo, no deben utilizarse en la conclusión. Así como el desarrollo moviliza esencialmente el cerebro izquierdo al presentar en orden las diferentes ideas, la introducción y la conclusión requieren la participación del cerebro derecho para tomar distancia y dominar el conjunto.

Examinemos cómo procedió el autor en la siguiente conclusión. Es la conclusión del texto que dimos como ejemplo en la p. 144; allí el autor estudiaba la noción de cultura.

En resumen, la cultura supera al conocimiento; significa plenitud de la persona y libertad de espíritu; conduce a la acción y está al servicio del hombre. Una cultura que no desembocara en la acción sólo sería diversión del espíritu, abdicación del ciudadano, y la historia nos muestra que cuando la cultura popular se reduce a juegos de circo, la decadencia está cerca.

– La conclusión se introduce por el conector de articulación lógica: "en resumen".

– Desde "en resumen" hasta "del hombre", el autor recuerda los puntos esenciales de manera sintética.

– El final del párrafo aporta una luz diferente sobre el tema, permitiendo así una apertura hacia un campo más amplio: las lecciones de la historia.

– La fórmula lapidaria y profética: "la decadencia está cerca", con la cual termina la conclusión, tiene el objetivo de llamar la atención.

¿Cuándo escribir la conclusión?
Imposible construir un balance sin antes haber evaluado los diferentes aspectos: la conclusión, como la introducción, debe reservarse para el final. ¡Pero cuidado! Resérvense un tiempo suficiente para redactarla con todas las reglas del arte.

4. Un caso particular: el examen oral

Tanto los procedimientos estudiados en los capítulos anteriores como en éste son válidos para el examen oral: igual que para un trabajo escrito, hay que analizar el tema, movilizar los propios conocimientos, construir una estructura, introducir, desarrollar, concluir, y, al mismo tiempo, dominar el estrés.

La principal diferencia se sitúa en el *tiempo de preparación*, generalmente muy corto (entre diez y veinte minutos). No es aconsejable tener todo escrito, pues tendrán los ojos fijos en las notas, volviendo difícil el contacto con el examinador; además, no podrán tener en cuenta sus reacciones: aprobación, expresión dubitativa...

¿Cómo proceder?
- Primera situación: el tema les produce un blanco total. Juéguense el todo por el todo y pidan otra pregunta.
- Segunda situación: de entrada vislumbran la estructura. Atribúyanles un título a las partes que la componen y escriban cada uno de los títulos en una hoja utilizando un solo lado. Escriban brevemente en palabras clave las ideas que se relacionan con tal o cual división. Es la ocasión de utilizar las abreviaturas, los signos.
- Tercera situación: la estructura no aparece claramente. Anoten las ideas en forma de palabras clave, tal como les aparecen. Gracias a este trabajo, la estructura tomará forma poco a poco. Numeren o resalten con el mismo color las informaciones que pertenecen a tal o cual parte.

Sólo queda por construir las *notas estructuradas* o un *esquema heurístico* (véase pp. 35 y 36) que utilizarán como guía. Si tienen tiempo para los detalles, empléenlo sólo para la introducción y la conclusión.

Si no recuerdan una fecha, un nombre o algún otro elemento, no pierdan tiempo; es muy probable que aparezca si siguen adelante. Mientras avanzan, el cerebro trabaja para ustedes.

Ejercitación

Primera serie
Objetivo: encontrar la función de la introducción.

Encuentre las diferentes partes de la siguiente introducción y anote los procedimientos utilizados por el autor.

> Si hoy la gente endilga sus males a cualquier motivo menos al desarrollo de la máquina, es porque no hay peor sordo que el que no quiere oír. Seguir esperando de la máquina progreso indefinido o el advenimiento de una edad de oro es tener los ojos cerrados a la evidencia.
>
> No hablemos de los trastornos que las instituciones humanas padecen sin cesar debido al progreso de las máquinas, hablemos sólo de las ventajas con las que ellas seduce al tonto: ahorran tiempo, ahorran penas, producen abundancia y terminarán garantizando un ocio perpetuo para todos los hombres.
>
> Lanza del Vasto, *Le Pèlerinage aux sources*,
> Gallimard, 1989.

Segunda serie

Objetivo: descubrir la construcción de un párrafo.

1. En cada párrafo de los siguientes textos encuentre la oración o las oraciones que constituyen la idea principal.
2. Indique la función de las ideas complementarias en relación con la idea principal (ilustran, explican, etcétera).

Texto Nº 1

A menudo se afirma que el individuo se ha fabricado una especie de caparazón y se ha vuelto casi insensible a las tragedias sangrientas que sirven de decorado a sus comidas diarias. Inmunizado contra la información por el propio exceso de información, continúa viviendo en su pequeño mundo como en los "viejos y buenos tiempos", atento únicamente a ciertas noticias que presentan algún interés práctico para él. Conocemos la famosa historieta de Sempé en donde una familia escucha totalmente indiferente las noticias más terribles por la radio mientras almuerza sobre la hierba; sólo reacciona cuando el locutor anuncia los embotellamientos en la ruta de regreso.

G. Gauthier, P. Pilard,
Télévision active-Télévision passive, Téma, 1970.

Texto Nº 2

Desde hace algunos años está de moda poner en tela de juicio tanto a la ciencia como al progreso. Se llega hasta elogiar la ignorancia y sentir casi nostalgia por el hombre de *Cro-Magnon*. La crítica sistemática de la sociedad industrial conduce a un pesimismo total que sólo deja dos salidas lógicas: por un lado, la rebelión destructiva a la manera de los grupos terroristas; por el otro lado, la renuncia a la vida civilizada, a su higiene y a su medicina, tal como predica el Zen macrobiótico.

Jean Cazeneuve, *La Vie dans la société moderne,*
Gallimard, 1982.

TEXTO Nº 3
[El párrafo anterior trataba el tema de contar cuentos.]

La historia impresa y leída no puede tener esta maleabilidad. En definitiva, se encuentra encerrada en un texto y en un libro. Claro, uno puede leerla de manera "viva", deteniéndose en los pasajes palpitantes y leyendo otros más rápidamente. Pero no es lo mismo ni para el que lee ni para el que escucha. El niño no pedirá detalles suplementarios ("¿De qué color era el vestido?"); esto puede verse en las imágenes. En efecto, todos los libros para niños están abundantemente ilustrados; estas ilustraciones suelen ser muy bellas, el problema no reside ahí. Sin embargo, dan siempre una imagen de los personajes y de los episodios de la historia y, en consecuencia, eliminan a todos los demás, en particular a aquellos que el niño podría imaginar o incluso dibujar por sí mismo. ¿Por qué dibujaría él las cosas que el ilustrador ya fijó? No le saldrán tan bien...

Liliane Maury, "On ne raconte plus d'histoires aux enfants",
en *Le Monde de l'Éducation,* diciembre de 1981.

Tercera serie
Objetivo: manejar el funcionamiento de un texto.

Ejercicio 1
1. Indique con qué idea principal (1, 2, 3, 4) se relacionan las ideas complementarias (A a F).

151

2. Reconstituya el texto anotando las ideas según su orden. Ayúdese, para eso, con el sentido, con los conectores de articulación y con la puntuación. Piense en prever un párrafo para cada idea principal.

LOS LIBROS PARA NIÑOS

[En el párrafo anterior, el autor observaba que el libro para niños era objeto de un abundante mercado que interesaba cada vez más a los editores.]

Ideas principales
1. Además, para fabricar un libro barato, se compra la maqueta en la Feria del Libro (de Francfort o de Bolonia).
2. Este fenómeno, evidentemente, está relacionado con una política general de hiperconsumo. Sin embargo, el libro para niños no es un producto cualquiera: está destinado a los niños, pero es comprado por los padres.
3. Preocupados por la rentabilidad, los editores apuestan al embalaje, variándolo en función del público al que se apunta.
4. Pero existe algo más grave que la degradación del libro: es la evolución de las ideas sobre el niño.

Ideas complementarias
A. Pero a menudo, estos últimos se encuentran desarmados frente al objeto que eligen: queriendo hacer bellos regalos, compran bellos libros. Dicho de otro modo, el embalaje –formato, tapa, caracteres, ilustraciones– cuenta más que el contenido.
B. Ahora la niñez es un asunto serio, un problema. Se multiplican los estudios sobre la relación "pa-

dres-hijo" (¡hay que culpabilizar!), se organiza un Año Internacional del Niño, se inventan los "superdotados" (que, por supuesto, también son un problema...).

C. En cuanto al texto, su función es llenar los espacios que la ilustración deja en blanco: se traduce, se corta, se adapta, se reescribe; la editorial Hachette propone a los niños pobres "los cuentos más bellos de Walt Disney" en los supermercados.

D. Hubo un tiempo en el cual su función era divertir después de la escuela.

E. Por ejemplo, el editor Harlin Quiste imprime un número limitado de libros caros, cuyas ilustraciones serían una pesadilla para cualquiera si no estuviesen de moda. Para dirigirse a un público más vasto, las grandes editoriales multiplican al infinito los inmortales personajes del inmortal Walt Disney: "Al público le gusta".

F. Así, las ilustraciones resultan mucho más baratas que si fueran encargadas a un dibujante.

Liliane Maury, ob. cit.

Ejercicio 2
Considere que únicamente la primera oración del texto está en su lugar.

1. Entre los párrafos propuestos, encuentre los que representan las ideas principales (o "ideas etiquetas").

2. Coloque las ideas principales según su orden, basándose en los conectores de articulación lógica.

3. Anote con qué idea principal se relacionan los otros párrafos que contienen ideas complementarias.

¿Por qué no sabemos eliminar?

A. La tendencia a conservar, característica de una civilización durante mucho tiempo agraria, se manifiesta en la concepción de la propiedad. El mito de la posesión de un auto personal, verdadera transposición de la casa al medio de transporte, es una circunstancia agravante para el problema del tránsito y del estacionamiento.

B. ¿Qué debe eliminarse? ¿Y en función de qué? Encontramos aquí el problema de la elección y de la escala de valores. Si los objetivos no se expresan claramente, los criterios de selección son mal definidos y la eliminación no se efectúa de manera completa y lógica.

C. En segundo lugar, si la eliminación es poco practicada, es porque eliminar es difícil.

D. La abundancia que conocen actualmente los países occidentales sustituyó a una escasez crónica que solía tomar proporciones catastróficas, como aún sucede en ciertas partes del mundo. La riqueza es tan reciente y la pobreza tan inscripta en la historia humana, que en los países industrializados sigue vigente el modelo de escasez.

E. Una primera razón es seguramente la tendencia natural del hombre a conservar.

F. Finalmente, debemos señalar que la eliminación es una operación costosa.

G. Exige organizaciones, circuitos, aparatos cada vez más perfeccionados, y el precio de costo es cada vez más elevado (estaciones de depuración de agua, fábricas modernas para el tratamiento de los desechos, etcétera).

H. No sólo hay que hacer desaparecer los desechos sino también conservar —en el flujo de objetos, ideas y estructuras— ciertos elementos y otros no.

I. A veces resulta más caro eliminar que crear, y esta tendencia seguramente se acentuará.

J. Eliminar es distinguir lo accesorio de lo principal; es, pues, elegir.

K. Esta tendencia a conservar nos impide eliminar todos los desechos fabricados por nuestra sociedad de producción y de consumo. Corremos el riesgo de intoxicarnos.

Perspective, núm. 15, abril de 1969.

Cuarta serie

Objetivo: encontrar la función de la conclusión.

He aquí cuatro conclusiones. Señale las diferentes partes de cada una de ellas y estudie los procedimientos utilizados por los autores.

1. EL "MERCADO" MATRIMONIAL

[La pregunta que el autor planteaba en la introducción y estudiaba en el desarrollo era la siguiente: ¿la evolución de las mentalidades y la revolución de las costumbres produjeron una transformación social a través del matrimonio?]

Así, pues, cada uno en su casa con sus "allegados", o mejor, con sus semejantes. La elección de una pareja "para toda la vida" aparece hoy obedeciendo a cierta racionalidad. En la medida en que se busca una comunidad de gustos y aspiraciones como base de la comunidad afectiva, sociólogos como Louis Roussel ven en la forma contemporánea de la nupcialidad una nueva versión del antiguo "matrimonio por conveniencia".

"Le 'marché' matrimonial",
en *Le Monde*, 14 de agosto de 1983.

2. La vejez

Por eso se entierra el asunto dentro de un silencio concertado. La vejez denuncia el fracaso de toda nuestra civilización. Habría que rehacer al hombre entero, habría que recrear todas las relaciones entre los hombres para que la condición de los viejos fuera aceptable. Un hombre no debería acercarse al final de su vida con las manos vacías y solitarias. Si la cultura no fuera un saber inerte, adquirido de una vez por todas y luego olvidado, si fuera, en cambio, práctica y viva, si por ella el individuo tuviese un dominio de su medio que se cumpliese y renovase con el paso de los años, a toda edad sería un ciudadano activo, útil. Si no estuviese atomizado desde la infancia, encerrado y aislado entre otros átomos, si participase en una vida colectiva, tan esencial y cotidiana como su propia vida, jamás conocería el exilio. Nunca, en ninguna parte, tales condiciones se cumplieron.

Simone de Beauvoir, *La Vieillesse*,
Gallimard, 1970.

3. Jubilaciones y disminución
DE LA NATALIDAD

Estamos ante un problema social inevitable que habrá que resolver. A nosotros nos corresponde inventar nuestra vejez (pues estamos hablando de nosotros en futuro): una nueva función debe crearse.

Philippe Cibois,
"Retraites et dénatalités",
en *Le Nouvel Observateur*,
14 de enero de 1983.

En resumen, una franja de 300 a 400 km que se extiende desde el Atlántico hasta el Mar Rojo está siendo devastada por los insectos adultos. El director del centro de intervención de urgencia de la FAO dijo: "Esta plaga seguirá desarrollándose y duplicará su intensidad, llegando a regiones hasta ahora indemnes".

Extraído de un trabajo sobre la prensa
elaborado por alumnos, 1988.

Quinta serie

Objetivo: construir un texto.

Ejercicio 1

En el ejercicio 1 de la p. 125 construyeron una estructura argumentativa. Ahora deberán redactar el texto correspondiente.

1. Prepare una introducción.
2. Prepare el desarrollo organizando los párrafos alrededor de una idea principal que enunciará al principio o al final del párrafo, según éste siga un método deductivo o inductivo. En el caso de argumentos similares, sintetícelos en una sola oración. Si se basa en los argumentos enunciados, no es obligatorio utilizarlos a todos. Además, puede optar por una formulación diferente, más personal.
3. Relacione ideas y párrafos por conectores de articulación lógica.
4. Prepare una conclusión.

Ejercicio 2

Efectúe el mismo trabajo con los argumentos del ejercicio 2 de la p. 127.

Sexta serie

Objetivo: exponer oralmente a partir de notas sucintas.

1. Elija uno de los capítulos de este libro. Recorriendo únicamente los títulos y las palabras destacadas por la tipografía, desarrolle las ideas en voz alta como si diera una conferencia ante un público; si es posible, hágalo de pie; recuerde señalar las ideas importantes con un gesto apropiado o con una entonación particular; mire a sus oyentes imaginarios.
2. Proceda de la misma manera con los esquemas situados al final de los capítulos.

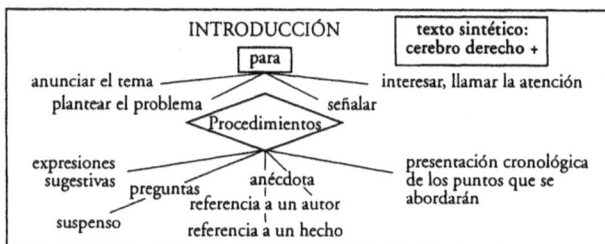

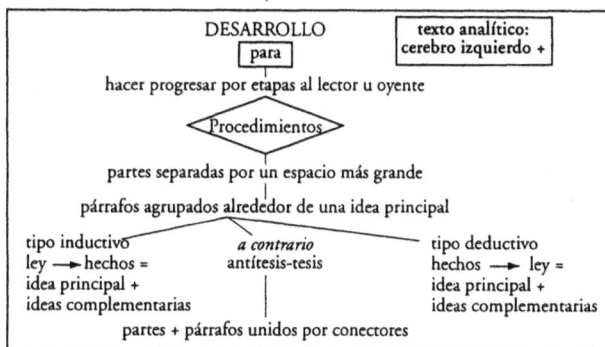

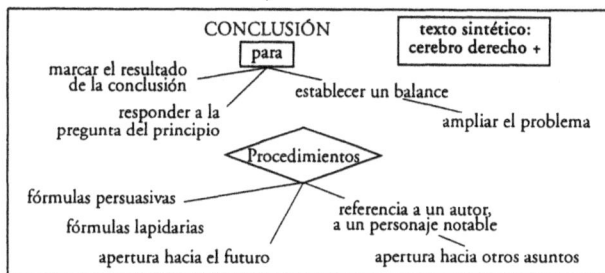

ESQUEMA: *Anatomía de un texto*

Solución de los ejercicios

1. Conocerse mejor para estudiar mejor

Test: ¿Cuál es su perfil cerebral dominante? (p. 11)
Explicación para la pregunta 11: Los "cerebros izquierdos" eligen habitualmente el lado izquierdo de la sala. La pantalla se encuentra, así, a la derecha de su campo de visión; en consecuencia, es vista por el ojo derecho y el cerebro izquierdo (véase p. 15). Para los "cerebros derechos", sucede lo contrario.

Ejercicio 1 (p. 20)
1: V; 2: V; 3: F; 4: V; 5: V; 6: F; 7: V; 8: V.

Ejercicio 2 (p. 21)
1: CI; 2: CD; 3: CI; 4: CI; 5: CD; 6: CI; 7: CD; 8: CI; 9: CI; 10: CD; 11: CI; 12: CI.

2. Memorizar

Ejercicio 1 (p. 53)
El texto se compone de cuatro párrafos. Los párrafos 3 y 4, dedicados a la función de los setos y de los taludes, pueden agruparse. De esta manera, se distinguen tres partes.

Notas estructuradas

1. Intervenciones del hombre en la naturaleza.
    1.1. Una preocupación constante: mejorar la productividad.
    1.2. Ayer, un poder limitado.
    1.3. Hoy, consecuencias graves.

    +

2. Supresión de setos y taludes: ¿Por qué?
    2.1. Parcelas demasiado pequeñas.

    ↓

    2.2. Explotación moderna difícil.

    ≠

3. Setos y taludes: una función importante.
    3.1. Protegen contra el viento.

    +

    3.2. Un abrigo para el ganado.

    +

    3.3. Un refugio para los animales útiles.
        3.3.1. Animales que matan a los animales nocivos.[1]
        3.3.2. Animales que matan a los animales enfermos.

    +

    3.4. Una muralla contra la sequía.
        3.4.1. Agua retenida.
        3.4.2. Erosión suprimida.

---

[1] Las informaciones 3.3.1. y 3.3.2. como también las informaciones 3.4.1. y 3.4.2. son subdivisiones de las ideas 3.3. y 3.4.

162

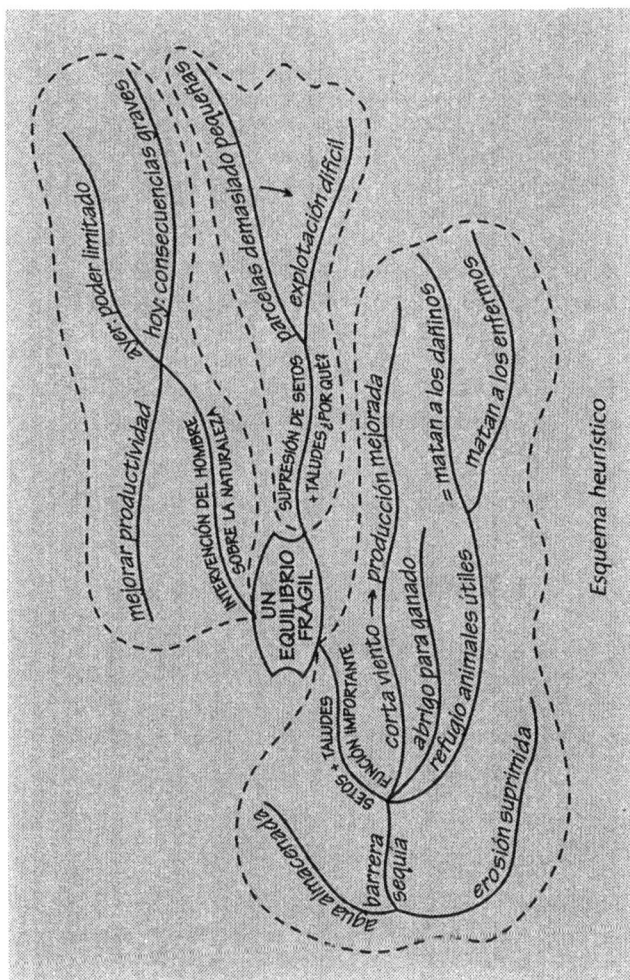

Esquema heurístico

mejorar productividad

ayer: poder limitado

hoy: consecuencias graves

parcelas demasiado pequeñas

explotación difícil

INTERVENCIÓN DEL HOMBRE SOBRE LA NATURALEZA

SUPRESIÓN DE SETOS + TALUDES ¿POR QUÉ?

UN EQUILIBRIO FRÁGIL

= matan a los dañinos

matan a los enfermos

producción mejorada

corta viento

abrigo para ganado

refugio animales útiles

FUNCIÓN IMPORTANTE

SETOS + TALUDES

barrera

sequía

agua almacenada

erosión suprimida

163

Ejercicio 2 (p. 55)

Los títulos y subtítulos (o intertítulos) mencionados en los diferentes capítulos son el marco de las notas estructuradas. Es posible elegir títulos más evocadores. Al final de los capítulos 1, 2, 3 y 4, figuran ejemplos de esquemas heurísticos. Compárelos con los que usted hizo.

Ejercicio 3 (p. 55)

Se destacan ocho leyes principales.
- La memoria no puede funcionar sin un proyecto implícito.
- La memoria teme a lo desconocido.
- La memoria sólo retiene lo que comprende.
- La memoria registra estructuras, conjuntos organizados.
- La memoria funciona según un proceso asociativo.
- La memoria es multiforme.
- La memoria necesita pausas.
- La memoria necesita reactivación.

3. Sacar provecho de una clase

Primera serie

Ejercicio 5 (p. 69)

1: b; 2: a; 3: c.

Las otras formulaciones presentan tres tipos de inexactitudes: agregados, olvidos o interpretaciones.

Tercera serie

Ejercicio 1 (p. 72)

1. Las palabras que debe resaltar o anotar son las que están subrayadas. Sin embargo, es probable que en una clase real no anote las palabras textualmente sino que

efectúe una primera traducción (ejemplo: para "ejercer capacidades intelectuales y visuales", tal vez haya anotado "ejercer intelecto y ojo"). Esta manera de proceder es muy adecuada, ya que constituye el primer procesamiento de la información.

2. Dos trazos = una parte. Un trazo = un párrafo.
3. Las expresiones que marcan el paso de una parte a otra están enmarcadas. Además, el principio de la clase, desde "Primero" a "potencial de lectura", anuncia los diferentes puntos que serán tratados.
4. Lea los títulos y los subtítulos de las notas estructuradas que se encuentran más adelante.
5. Las formulaciones sintéticas son los pasajes en bastardilla.

Introducción:
anuncio de
tema + estructura:
3 partes

"Como les dije la semana pasada, hoy abordaremos un tema importante, el tema de la lectura. La lectura es una actividad que se encuentra en el corazón del estudio, en el corazón de todo trabajo intelectual. Primero estudiaremos el proceso de lectura, es decir, estudiar cómo el lector construye sentido a partir de signos gráficos. Veremos luego la función de los dos cerebros en la lectura. En tercer lugar pasaremos a las aplicaciones prácticas: ¿qué pueden hacer para aumentar su potencial de lectura? // Entonces, primer punto: ¿cómo leemos? Una vez superada la etapa de los primeros aprendizajes, leemos la mayoría de los textos sin descomponerlos ni analizarlos. Para comprender lo que sucede, lean esta

165

Conservar el
ejemplo, es
expresivo

frase: 'Los indios se acercaban profiriendo sus gritos de guerra, el vaquero sacó entonces su...'. Como ven, falta la última palabra, pero seguramente ustedes completaron la frase sin dudar. ¿En qué palabras pensaron? Claro, 'Colt, pistola, revólver'./

¿Qué los llevó en esa dirección? En primer lugar, el sentido, el contexto: lo que precede los preparó a esperar las palabras anteriores y no 'pañuelo' o 'billetera'. Además, el adjetivo posesivo los llevó a dejar de lado algunas categorías de palabras, como verbos o adverbios. En efecto, el lector espera que el escrito se presente según una estructura del tipo: después de un sujeto, un verbo; después de un artículo, un sustantivo o un adjetivo, etcétera. El orden de las palabras en una frase constituye también una preciosa ayuda para elaborar el sentido. En una lectura normal, sin puntos suspensivos, interviene otro indicio: antes de haber visto la palabra, ya percibieron su silueta: se trata de una palabra corta o de una palabra que tiene muchas letras que sobrepasan el renglón hacia arriba./

Todos estos indicios, indicios de sentido, indicios sintácticos, indicios organizativos, indicios perceptivos, les permiten prever lo que viene. Los conducen a hacer una elección muy rápida, no consciente, que la lectura, en la mayor parte de los casos, sólo confirma./

166

El lector experimentado elabora un proceso en tres pasos./

En el primer paso, a partir del título, de la diagramación, emite sus primeras hipótesis sobre el contenido del texto. Ya antes de leer, está preparado para encontrar tal o cual palabra y efectúa así una selección entre una multitud de términos posibles. A medida que avanza en el texto o en la frase, las probabilidades se restringen./

En el segundo paso, el lector verifica su hipótesis con la lectura. Si tiene experiencia y toma en cuenta todos los indicios de los que dispone, se adelanta a las palabras y se contenta con sobrevolarlas. No precisa quedarse en ellas; así, la lectura se ve facilitada./

En el tercer paso, el lector verifica sus hipótesis y su lectura basándose en el sentido. Para validar una palabra precisa, por un lado, que la palabra convenga dentro de la frase; por otro lado, que no se oponga a los conocimientos del lector. Así, la frase: 'Un conejo de plumas brillantes atravesó el patio de la granja', es incompatible con lo que sabemos de este animal y no podrá aceptarse./

Leer, entonces, no consiste sólo en identificar y asociar letras, significa hacer intervenir sus conocimientos. Se produce un movimiento constante, un ir y venir entre el escrito y el lector, entre las informaciones

Conservar el ejemplo porque es expresivo, pero alcanza con conejo y plumas.

visuales y no visuales. Sin embargo, según su perfil cerebral dominante, el lector da prioridad a uno de estos dos tipos de información.// Esto nos lleva al segundo punto: ¿Cuál parte corresponde al cerebro izquierdo, y cuál al cerebro derecho en la lectura? El cerebro izquierdo decodifica las palabras, analiza de manera muy puntillosa lo escrito. El cerebro derecho, en cambio, elabora hipótesis, ve el conjunto, las estructuras, pero no los detalles. El lector que utiliza en particular el cerebro izquierdo se apoya sobre todo en indicios visuales, lee una palabra primero y la otra después, y no relaciona en absoluto lo que sabe con lo que ve. Esta manera de proceder puede estancarlo, limitarlo como si mirara dentro de un túnel: su lectura no es eficaz. Por su parte, el lector cerebro derecho establece hipótesis a partir de un número limitado de indicios visuales, anticipa pero no verifica. Lee como siguiendo un radar, confunde a veces una palabra con otra: su lectura es poco confiable./

De hecho, un lector sólo puede ser eficaz si utiliza el cerebro izquierdo y el derecho conjuntamente; combina así lo que sabe y lo que ve, moviliza estrategias visuales e intelectuales. *En otras palabras, el lector cerebro izquierdo utiliza una estrategia ascendente (del texto al lector) y el lector cerebro derecho, una estrategia des-*

cendente (del lector al texto); el lector do-
ble cerebro usa una estrategia interactiva
(del texto al lector, del lector al texto)./
Leer mejor es pre-ver mejor (en dos
palabras) y ver mejor. Para ello, es necesario ejercer sus capacidades intelectuales: anticipación, formulación de hipótesis, y sus capacidades perceptivas: visión
precisa, panorámica, ágil. // ¿Cómo?
Es lo que vamos a ver ahora...", etcétera.

6. Notas estructuradas (se trata de construir un marco
dentro del cual anotará las palabras clave que le parecen indispensables).

1. ¿Cómo se lee?
1.1. Indicios de sentido.
1.2. Indicios sintácticos.
1.3. Indicios organizativos.
1.4. Indicios perceptivos.
1.5. La lectura: un proceso de tres pasos.
1.5.1. Hipótesis.
1.5.2. Verificación de las hipótesis mediante la lectura.
1.5.3. Verificación de las hipótesis y de la lectura
basándose en el sentido.

2. La función de los dos cerebros en la lectura.
2.1. Cerebro izquierdo.
2.1.1. Método ascendente: texto-lector.
2.1.2. Lectura poco eficaz (visión en túnel).
2.2 Cerebro derecho.
2.2.1. Método descendente: lector-texto.
2.2.2. Lectura poco confiable.

2.3 Cerebro izquierdo + cerebro derecho.
    2.3.1 Método interactivo: lector - texto.
    2.3.2 Lectura eficaz.

5. Enfrentar un examen

Ejercicio 1 (p. 103)

1. T (tema): la objetividad del periodista - L (límites): cuidado, el problema es la objetividad del periodista, no su función ni la objetividad en general - P (problemática): ¿Cómo el periodista puede ser objetivo? ¿Qué medios puede utilizar? ¿Existen casos en los cuales la objetividad es imposible? - D (directiva): "¿Piensa usted?" = debe dar su opinión personal.

2. T: la informática - L: "la revolución", es decir, la conmoción que produjo la aparición de la informática. No se trata de describir la historia de la informática sino de destacar su importancia - P: algunos cambios, algunas consecuencias, ¿en qué ámbito? - D: no hay directiva anunciada claramente; en tal caso, es preferible atenerse al análisis, sin expresar su sentimiento personal.

3. T: crisis de 1929 - L: orígenes, manifestaciones, consecuencias, Estados Unidos - P: ¿Cuáles son las causas de la crisis de 1929? ¿Cómo se manifestaron en los Estados Unidos? ¿En qué ámbitos? ¿Cuáles fueron sus consecuencias? ¿De qué orden? - D: "explicar" = subrayar las relaciones de causa a efecto y no solamente citar.

4. T: la demografía - L: su incidencia en la economía + países occidentales + años venideros - P: ¿Qué cir-

cunstancias? ¿En qué campos? ¿Por qué? - D: no hay verbo que indique directiva, pero el enunciado en forma de pregunta, "¿Qué incidencia…?", invita a hacer un estudio prospectivo en el cual las expresiones del tipo "pareciera que", "puede preverse"… pueden utilizarse; no se excluye su opinión personal, pero no debe desarrollarla muy extensamente.

5. T: el éxodo rural y la urbanización - L: países en vías de desarrollo - P: ¿Cuáles son las causas del éxodo rural y de la urbanización? ¿Cuáles son las consecuencias? ¿En qué campos? - D: no hay verbo que indique directiva; debe analizar el problema y no hacer un comentario personal.

6. T: personajes de criados y de sirvientas - L: comedias, las demás obras de teatro se excluyen, más aun las novelas… + características + función + ejemplos precisos (no generalidades) - P: ¿Qué características presentan los criados y las sirvientas en las comedias? ¿Qué papel desempeñan en ellas? ¿Presentan siempre puntos en común? En caso contrario, ¿qué diferencias pueden observarse? - D: "destacar" = poner en evidencia.

7. T: la civilización y la inadaptación escolar - L: las influencias (los efectos), no las soluciones + "moderna" - P: ¿Qué se entiende por inadaptación escolar? ¿Qué relación existe entre la civilización moderna y la inadaptación escolar? ¿De qué naturaleza son las influencias? - D: "estudie" = resaltar los diferentes tipos de influencias sin tomar posición.

8. T: la economía - L: problemas + países del Tercer Mundo - P: ¿Cuáles son los diferentes tipos de problemas? ¿Cuáles son sus causas? - D: "caracterice" = re-

saltar las diferentes categorías de problemas y analizarlos sin tomar posición.

9. T: J.-J. Rousseau y el romanticismo - L: primer romántico + francés - P: ¿Cuáles son las características de la obra de Rousseau y las de los románticos franceses? Definir el romanticismo, cuáles son los puntos comunes y las eventuales divergencias. ¿J.-J. Rousseau es realmente el primero de los románticos franceses? - D: "¿Le parece justa esta opinión?" = debe expresar su opinión personal.

10. T: el trabajo de las mujeres - L: en Francia - P: cuáles son las mujeres que trabajan, cuántas, por qué, qué tipos de trabajo realizan, cuáles son las consecuencias de los trabajos de las mujeres, en qué campos... - D: no hay verbo que indique directiva, se trata de un enunciado global que requiere un estudio sin toma de posición.

Ejercicio 2 (p. 104)

1. 1: **b**
   2. T: Mussolini y Hitler - L: ascenso al poder - P: ¿Cuáles son los puntos comunes en la ascenso al poder, cómo explicarlos y en qué contexto(s): económico, social, humano? - D: "compare" = debe resaltar las características comunes y las divergencias, y no estudiar sucesivamente el caso de Mussolini y el de Hitler.

2. 1: **b**
   2. T: la opinión pública y el gobierno - L: la influencia = el impacto + en las decisiones - P: ¿La opinión pública influye en las decisiones del gobierno, en qué medida, en qué casos, en qué ámbitos? - D: "analice" = enfoque los diferentes aspectos sin tomar posición.

3. 1: c

    2. T: la enseñanza - L: actualmente - P: ¿Por qué, en la actualidad, es tan importante poseer las facultades para aprender cómo acumular conocimientos? ¿Qué factores intervienen? ¿Es cierto en todas las situaciones? - D: "debata" = evaluar las ventajas, los inconvenientes, y dar su posición personal.

4. 1: c

    2. T: las políticas económicas de los países capitalistas - L: dificultades + países desarrollados + aplicación - P: ¿Qué se entiende por países capitalistas desarrollados? ¿Qué políticas económicas quieren aplicar? ¿Qué tipo de dificultades encuentran? ¿Por qué? - D: "estudie" = poner en evidencia las dificultades, no le piden proponer soluciones ni dar su opinión personal.

5. 1: b

    2. T: el escritor - L: por qué = las causas - P: ¿Cuáles son las diferentes razones que hacen que un escritor escriba? - D: no hay verbo que indique directiva, sino "en su opinión"; debe dar su opinión e ilustrarla con ejemplos.

6. Construir una estructura[2]

Primera serie

Ejercicio 1 (p. 122)

SD (estructura dominante): hechos - consecuencias. Hechos: § 1 y 2 - Consecuencias: los demás párrafos (el último § constituye, además, una conclusión).

---

[1] En este capítulo, la estructura dominante será mencionada con las iniciales "SD" y la estructura secundaria, con las iniciales "SS".

Ejercicio 2 (p. 123)
1. SD (1): hechos - causas - consecuencias. Hechos: § 1 - Causas: § 2 - Consecuencias: § 3.
2. SS (1): estructura enumerativa. Ejemplos: en el § 2, dedicado a las causas, el autor cita diferentes causas: la altitud, la falta de vigilancia, la estrechez de los cortafuegos.

Segunda serie
Ejercicio 1 (p. 125)
1. Aspectos positivos: 1, 3, 5, 8, 10, 12, 13, 16, 17, 20, 24. Aspectos negativos: 2, 4, 6, 7, 9, 11, 14, 15, 18, 19, 21, 22, 23.

2. y 3.
1. Los aspectos positivos:
   1.1. La publicidad y su repercusión en la vida económica: 1, 3, 5, 10, 16, 20, 24.[3]
   1.2. La publicidad y la vida cultural: 8.
   1.3. La publicidad y la estética (o el medio): 12.
   1.4. La publicidad y el consumidor: 13, 17.[4]
2. Los aspectos negativos:
   2.1. La publicidad y sus repercusiones en la vida económica: 4, 9.
   2.2. La publicidad y la vida cultural: 18.
   2.3. La publicidad y la estética (o el medio): 15.

[3] Los argumentos 3, 10 y 16 podrían pertenecer a una rúbrica específica: la publicidad, un factor de expansión.

[4] Este tema podría subdividirse en dos subtemas: la publicidad y la información del consumidor (12, 13) y el impacto de la publicidad en el consumidor (6, 7, 11, 14, 17, 19, 21, 22, 23).

2.4. La publicidad y el consumidor: 2, 6, 7, 11, 14, 19, 21, 22, 23.

Ejercicio 2 (p. 127)
1. Aspectos positivos: 1, 2, 3, 6, 9, 10, 16, 19, 20, 21, 24, 25, 26.
Aspectos negativos: 4, 5, 7, 11, 12, 13, 14, 15, 18, 22, 23, 28.

Primer procedimiento
1. Los aspectos positivos:
   1.1. La televisión, medio de distracción: 2.
   1.2. La televisión, medio de información: 6, 16.
   1.3. La televisión, medio de formación y de cultura: 1, 3, 9, 10, 19, 21, 25, 26.
   1.4. La televisión y el diálogo entre los hombres: 20, 24.
2. Los aspectos negativos:
   2.1. La televisión, medio de distracción: 15.
   2.2. La televisión, medio de información: 4, 11, 13, 14, 28.
   2.3. La televisión, medio de formación y de cultura: 5, 7, 12, 27.
   2.4. La televisión y el diálogo entre los hombres: 18, 22, 23.

Segundo procedimiento
1. La televisión, medio de distracción.
   1.1. Aspectos positivos: 2.
   1.2. Aspectos negativos: 15.
2. La televisión, medio de información.
   2.1. Aspectos positivos: 6, 16.
   2.2. Aspectos negativos: 4, 11, 13, 14, 28.
3. La televisión, medio de formación y de cultura.

3.1. Aspectos positivos: 1, 3, 9, 10, 19, 21, 25, 26.
3.2. Aspectos negativos: 5, 7, 12, 28.
4. La televisión y el diálogo entre los hombres.
    4.1. Aspectos positivos: 20, 25.
    4.2. Aspectos negativos: 18, 22, 23.

Tercera serie

• Estructuras para los temas del ejercicio 1 (p. 103):

1. SD (estructura dominante) = estructura argumentativa o dialéctica; SS (estructura secundaria) = estructura por categorías y/o por orden de importancia (de lo menos importante a lo más importante).

2. SD = estructura hechos (o situación) - causas - consecuencias insistiendo en los hechos; SS = estructura inventario o por categorías.

3. SD = estructura causas - hechos - consecuencias; SS = estructura por categorías (causas económicas, sociales, políticas...).

4. SD = estructura por categorías (consecuencias sociales, políticas, humanas...); SS = estructura por orden de importancia.

5. SD = hechos - causas - consecuencias; SS = estructura por categorías.

6. SD = estructura en torno a dos categorías inducidas por el enunciado: características, función; SS = estructura por categorías. Podríamos citar: 1) Las características comunes: a) personajes desvalorizados, b) personajes convencionales esquemáticos, etcétera. - 2) Su función: a) personajes al servicio de la acción, b) personajes al servicio de los objetivos del autor, etcétera.

7. SD = estructura por categorías (influencias económico-sociales, familiares, medios masivos de comunicación,

fenómeno de industrialización y de urbanización...);
SS = estructura por orden de importancia.

8. SD = estructura por categorías; SS = estructura por orden de importancia.

9. SD = estructura argumentativa o dialéctica; SS = estructura por categorías. Podríamos citar: 1) Las convergencias: a) los temas (el culto del yo, la naturaleza...); b) el estilo (amplitud y relieve, riqueza del vocabulario) . - 2) Las restricciones: a) Rousseau no es el primero, b) algunas tendencias del romanticismo no aparecen en su obra, etcétera.

10. SD = hechos (situación) - causas - consecuencias; SS = estructura inventario o por categorías.

• Estructuras para los temas del ejercicio 2 (p. 104):

1. SD = estructura comparativa; SS = estructura por categorías (la fragilidad de los regímenes, la táctica, etcétera) y por orden de importancia.

2. SD = estructura por categorías; SS = estructura por orden de importancia.

3. SD = estructura argumentativa o dialéctica; SS = estructura por categorías y por orden de importancia.

4. SD = estructura por categorías; SS = estructura por orden de importancia.

5. Ídem.

Cuarta serie (p. 131)

1. Primera estructura: c. - Segunda estructura: b. ("a" no toma en cuenta el pedido de ejemplos precisos). - Tercera estructura: b.

2. Primera estructura: SD = causas - hechos - consecuencias; SS = estructura por categorías para I y III,

estructura cronológica para II. - Segunda estructura: SD = estructura por categorías; SS = estructura inventario.- Tercera estructura: SD = estructura por categorías; SS = estructura que va de lo general a lo particular.

7. Armar el trabajo

Primera serie (p. 149)

El primer párrafo llama la atención del lector por un giro estilístico particular ("Si la gente..., es porque..."), y también por expresiones sugestivas, términos llamativos ("endilga sus males", "peor sordo que el no quiere oír", "edad de oro"). Indica el tema: la importancia de la máquina frente al hombre. El segundo párrafo precisa el tema ("no hablemos de..., hablemos sólo...") y anuncia el esquema: "ahorran penas, producen abundancia y terminarán garantizando un ocio perpetuo".

Segunda serie (p. 150)

Texto Nº 1: IP (idea principal): primera oración; IC (ideas complementarias): las otras oraciones. La oración 2 indica las causas, la oración 3 da ejemplos.

Texto Nº 2: IP: primera y segunda oraciones; IC: otras oraciones indican las consecuencias.

Texto Nº 3: en el primer párrafo: IP: dos primeras oraciones; IC: las otras oraciones: desarrollan la idea principal, la explican y están construidas según una estructura *a contrario* (antítesis-tesis). En el segundo párrafo: IP: primera oración; IC: las otras oraciones indican las causas.

Tercera serie

Ejercicio 1 (p. 151)

1. A = 2; B = 4; C = 1; D = 4; E = 3; F = 1.
2. Primer §: 2 + A; segundo §: 3 + E; tercer §: 1 + F + C; cuarto §: 4 + D + B.

Ejercicio 2 (p. 153)

1. C - E - F.
2. E - C - F.
3. E + D + A + K (primer párrafo); C + H + J + B (segundo párrafo); F + G + I (tercer párrafo).

Cuarta serie (p. 155)

Texto 1: las dos primeras oraciones dan la respuesta a la pregunta estudiada en el texto. Se trata de un breve balance. La última oración crea una apertura al referirse a un sociólogo.

Texto 2: las dos primeras frases establecen un balance general introducido por la expresión "Por eso". Las otras oraciones –resultado de la reflexión– señalan la dificultad, e incluso la imposibilidad de cambiar la situación existente, mediante la repetición de "si"; la conclusión termina con una fórmula lapidaria que llama la atención por su observación inapelable: "nunca, en ninguna parte...".

Texto 3: la primera oración sintetiza lo esencial del desarrollo. La segunda se dirige al lector, en dos ocasiones, para llamar su atención: "A nosotros nos corresponde inventar... pues estamos hablando de nosotros". Constituye una exhortación a la acción.

Texto 4: la conclusión, introducida por el conector de articulación "en resumen", comienza por recordar brevemente los hechos (primera oración). La importancia del problema se señala en la segunda oración , al hacerse referencia a un especialista cuya opinión es alarmante: "plaga... duplicar su intensidad...".

Quinta serie

Ejercicio 1 (p. 157)
No hay una solución, ya que las posibilidades son variadas. Sin embargo, verifique si mencionó la idea principal o idea general al comienzo o al final de cada párrafo.

Ejemplo: "La publicidad tiene numerosas repercusiones en la vida económica. En efecto, ...".

Ejercicio 2 (p. 157)
La misma observación que hicimos para el ejercicio anterior. Seguramente habrán observado que los argumentos 8 y 17, difíciles de clasificar dentro de una rúbrica específica, pueden utilizarse en la introducción. En efecto, el argumento 8 permite presentar el tema subrayando la amplitud del fenómeno; en cuanto al argumento 11, constituye un medio para anunciar el esquema.

Conclusión

Después de haber trabajado con este libro, espero que ustedes, como lectores,

– hayan descubierto su funcionamiento mental y tomado conciencia de sus potencialidades;

– hayan adquirido los métodos necesarios para memorizar mejor, para asistir eficazmente a una clase, para organizar sus actividades de manera armoniosa, para encontrar un tema, para encontrar ideas y conocimientos, para construir una estructura, para redactar trabajos, para estar en condiciones de preparar y de enfrentar con más tranquilidad los exámenes.

Ahora, cada uno de ustedes posee una amplia gama de estrategias para utilizar en sus estudios y durante toda la vida. Exploten estas estrategias al máximo.

En cuanto a mí, concebí esta obra como un diálogo con ustedes. Siempre estuvieron presentes ante mis ojos. Deseo profundamente que hayan sentido esta comunicación por intermedio del escrito.

El asombro, el interés, las reacciones de los estudiantes hacia el curso de metodología que dicto me hicieron desear compartirlo con ustedes. Sin ellos, este libro no existiría. Gracias pues a Stéphanie, Soria, Julio, Didier…

Gracias a mis hijos, Sylvain y Guillaume; no fueron un público fácil... Sus preguntas, a veces sus desacuerdos, me obligaron a buscar otras vías, a explorar otros métodos.

Índice

Se terminó de imprimir en el mes de mayo de 2001
en Latingráfica, Rocamora 4161, Buenos Aires, Argentina.
Se tiraron 3.000 ejemplares.

De la misma serie

La memoria del
alumno
Alain Lieury
192 pp.

Así se escribe una
monografía
Jean-Pierre Fragnière
176 pp.

*Cómo leer
tomando notas*
Brigitte Chevalier
176 pp.

*Memoria y éxito
escolar*
Alain Lieury
256 pp.

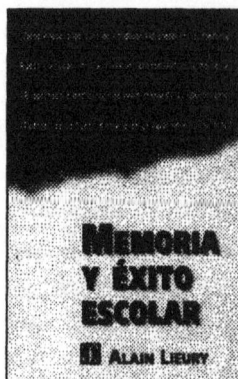

www.ingramcontent.com/pod-product-compliance
Lightning Source LLC
LaVergne TN
LVHW011349080426
835511LV00005B/214